자기주도 문제

컴퓨터로 준비하는
수행평가

초판 발행일 | 2021년 09월 10일

지은이 | 창의콘텐츠연구소

펴낸이 | 최용섭

총편집인 | 이준우

기획진행 | 김미경

주소 | 서울시 용산구 한남대로 11길 12, 6층

문의전화 | 02-6337-5419

팩스 | 02-6337-5429

홈페이지 | http://www.hrbooks.co.kr

발행처 | (주)미래엔에듀파트너   **출판등록번호** | 제2016-000047호

ISBN 979-11-6571-156-6

이 책의 구성

① 학습내용 알아보기

단원별로 학습할 내용을 요약 정리하여 어떤 내용을 배울지 미리 확인할 수 있어요.

② 수행 평가 기준

수행 과제를 통해 평가하고자 하는 기준을 제시하여 평가 기준에 유념하며 수행 과제를 해결하도록 하였어요.

③ 과제 수행 준비하기

과제를 수행하기 위해 필요한 자료들을 조사하고 정리하도록 하였어요. 자료를 준비하지 못했다면 예시의 내용을 활용하여 과제를 수행할 수 있어요.

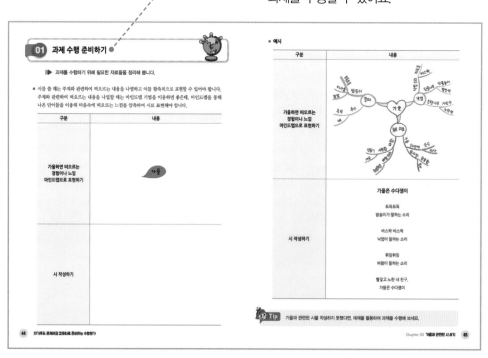

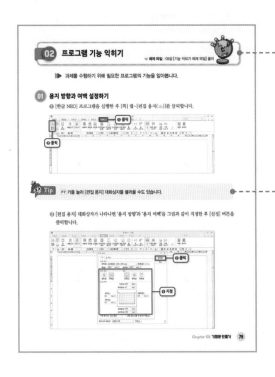

④ 프로그램 기능 익히기

과제를 수행하기 위해 필요한 프로그램 기능을 학습하도록 하였어요. 기능을 이미 학습한 친구들은 바로 수행 과제를 해결해도 돼요.

⑤ Tip

단원을 학습하면서 알아두어야 하는 부연 설명이나 관련 정보, 주의할 점 등을 팁으로 설명해 놓았어요.

⑥ 수행 과제 해결하기

완성 파일을 참고하여 나만의 스타일로 과제를 해결하도록 하였어요. 완성 파일에 사용된 주요 기능을 확인할 수 있어요.

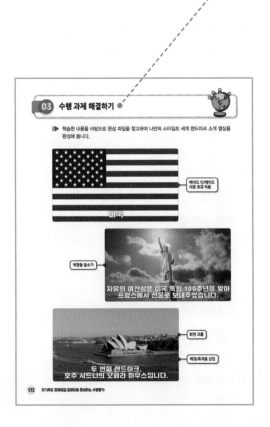

차 례

01
Chapter

발명품 기획서 만들기

학습내용 알아보기

- 무료 이미지를 다운로드 받을 수 있습니다.
- 글자를 입력하고 서식을 변경할 수 있습니다.
- 글머리표 및 문자표를 삽입할 수 있습니다.
- 표를 삽입하고 셀의 테두리와 배경색을 지정할 수 있습니다.
- 외부 그림을 삽입하고 그림을 자를 수 있습니다.

◆ **예제 파일** | 01강 [수행 과제 예제 파일]] 폴더 ◆ **완성 파일** | 발명품 기획서 만들기_완성.hwp

◈ 제품 이름
　만능 책상 정리판

◈ 사용 대상
　초등학생~직장인

◈ 시중 제품 분석

제품명	냉장고 자석	디자인 소품	자석 다트
사진			
특징	• 여러 가지 디자인 뒤에 자석이 붙어 있다. • 인테리어를 위해 냉장고에 붙여 놓거나 메모를 붙여 놓을 수 있다.	• 같은 극의 자석이 마주 보도록 하여 물체가 공중에 떠 있게 하는 제품이다. • 중간에 이어주는 실이 없으면 물체가 옆으로 튕겨져 나갈 수 있다.	• 다트핀의 뾰족한 부분을 자석으로 대체한 제품이다. • 다트판과 다트핀에 자석을 붙여 다트핀을 던지면 다트판에 붙도록 하였다.

◈ 시중 제품 분석 결과
　자석의 붙는 성질과 밀어내는 성질을 이용하면 일상생활 속에서 사용할 수 있는 간단한 제품들을 만들 수 있다는 걸 알았습니다. 자석의 붙는 성질을 이용하여 중요한 물건들을 붙여 놓을 수 있게 하면 좋을 것 같습니다.

◈ 제품 개발 목적
　책상 위 연필이나 볼펜 등이 바닥으로 떨어져 잃어버리거나 연필심이 부러진 경험이 한 번씩은 있을 겁니다. 이러한 불편함을 해결하기 위해 자석의 붙는 성질을 이용하여 만능 책상 정리판을 개발하려고 합니다.

◈ 제품 설명
　쇠로 만들어진 책상 정리판을 책상 한쪽에 고정하고 연필, 볼펜, 지우개 등 물건의 한쪽에 자석을 붙여 책상 정리판에 올려두면 필기도구가 고정되는 제품입니다.

◈ 제품 경쟁력
　일상생활에서 다양하게 사용되는 자석을 이용한 제품으로, 만드는 방법이 간단하고 제작 비용이 저렴하며, 사용하기 쉽습니다. 때문에 학교나 직장 등에서도 유용하게 사용할 수 있습니다.

◈ 제품 디자인

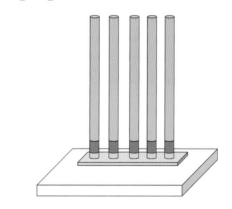

수행 평가 기준

- 인터넷에서 자석이 사용된 제품 이미지를 찾을 수 있는가?
- 검색한 제품을 분석하고 특징을 말할 수 있는가?
- 기존 제품과 차별되는 나만의 발명품을 기획할 수 있는가?

01 과제 수행 준비하기

▶▶ 과제를 수행하기 위해 필요한 자료들을 정리해 봅니다.

● 기획서란 자신의 아이디어를 다른 사람들에게 제안할 목적으로 작성되는 문서로, 기획하고자 하는 제품에 대한 기획 의도와 사용 대상, 기존 제품과의 비교를 통한 제품의 특징 및 경쟁력에 대한 내용을 한눈에 파악할 수 있도록 작성해야 합니다.

구분		내용		
제품 이름				
사용 대상				
기존 제품 분석	제품명			
	특징			
기존 제품 분석 결과				
제품 개발 목적				
제품 설명				
제품 경쟁력				
제품 디자인				

제품의 디자인은 [그림판] 프로그램을 이용하여 그린 후 기획서에 삽입해 보세요.

● 예시

구분		내용		
제품 이름		만능 책상 정리판		
사용 대상		초등학생~직장인		
기존 제품 분석	제품명	냉장고 자석	디자인 소품	자석 다트
	특징	• 여러 가지 디자인 뒤에 자석이 붙어 있다. • 인테리어를 위해 냉장고에 붙여 놓거나 메모를 붙여 놓을 수 있다.	• 같은 극의 자석이 마주 보도록 하여 물체가 공중에 떠 있게 하는 제품이다. • 중간에 이어주는 실이 없으면 물체가 옆으로 튕겨져 나갈 수 있다.	• 다트핀의 뾰족한 부분을 자석으로 대체하였다. • 다트판과 다트핀에 자석을 붙여 다트핀을 던지면 다트판에 붙도록 하였다.
기존 제품 분석 결과		자석의 붙는 성질과 밀어내는 성질을 이용하면 일상생활 속에서 사용할 수 있는 간단한 제품들을 만들 수 있다는 걸 알았습니다. 자석의 붙는 성질을 이용하여 중요한 물건들을 붙여 놓을 수 있게 하면 좋을 것 같습니다.		
제품 개발 목적		책상 위 연필이나 볼펜 등이 바닥으로 떨어져 사라지거나 연필심이 부러진 경험이 한 번씩은 있을 겁니다. 이러한 불편함을 해결하기 위해 자석의 붙는 성질을 이용하여 만능 책상 정리판을 개발하려고 합니다.		
제품 설명		자석으로 만들어진 책상 정리판을 책상 한쪽에 고정하고 쇠가 부착된 연필이나 볼펜, 지우개 등을 책상 정리판에 올려두면 필기 도구가 고정되는 제품입니다.		
제품 경쟁력		일상생활에서 다양하게 사용되는 자석을 이용한 제품으로, 만드는 방법이 간단하고 제작 비용이 저렴하며, 사용하기 쉽습니다. 때문에 학교나 직장 등에서도 유용하게 사용할 수 있습니다.		
제품 디자인		얇은 쇠 —— —— 자석판		

 Tip 발명할 제품을 선정하지 못했다면, 예시의 내용을 활용하여 과제를 수행해 보세요.

02 프로그램 기능 익히기

◆ **예제 파일** | 01강 [기능 익히기 예제 파일] 폴더

▶▶ 과제를 수행하기 위해 필요한 프로그램의 기능을 알아봅니다.

01 무료 이미지 다운로드 하기

❶ 크롬( ) 브라우저를 실행한 후 '픽사베이(https://pixabay.com/ko/)' 사이트에 접속합니다.
페이지가 나타나면 검색창에 검색어를 입력한 후 Enter 키를 누릅니다.

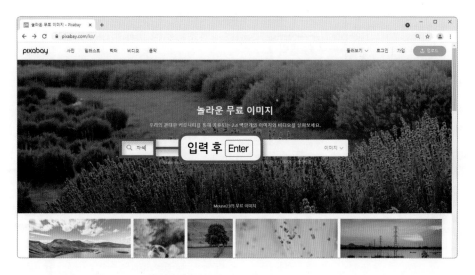

❷ 검색 결과가 나타나면 원하는 이미지를 선택한 후 [무료 다운로드]를 클릭하고 파일 형식을 선택
한 후 [다운로드]를 클릭하여 이미지를 다운로드 받습니다.

 Tip 다운로드 받은 이미지는 [내 PC]–[다운로드] 폴더에 저장됩니다.

02 글자 서식 변경하기

❶ [한글 NEO] 프로그램을 실행하여 글자를 입력합니다.

❷ 서식을 변경하고 싶은 글자를 드래그하여 영역 지정한 후 마우스 오른쪽 버튼을 클릭하고 [글자 모양]을 클릭합니다.

❸ [글자 모양] 대화상자가 나타나면 [기본] 탭에서 글자 서식을 자유롭게 변경한 후 [설정] 버튼을 클릭합니다.

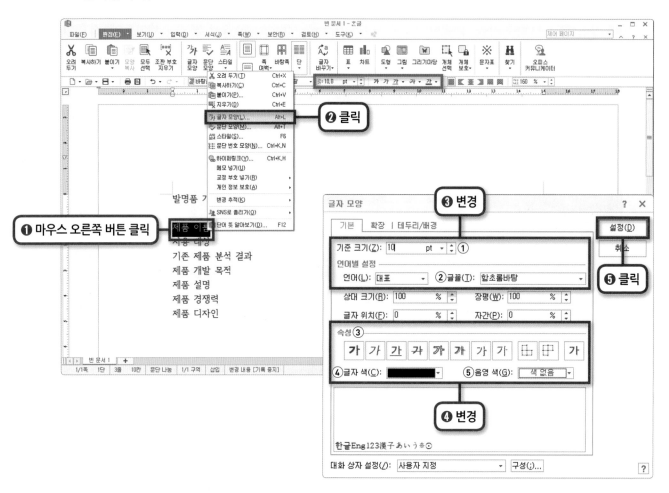

① **기준 크기** : 글자의 크기를 변경합니다.

② **글꼴** : 글자의 모양을 변경합니다.

③ **속성** : 진하게, 기울기, 밑줄 등 글자의 속성을 변경합니다.

④ **글자 색** : 글자의 색상을 변경합니다.

⑤ **음영 색** : 글자 뒤에 음영 색을 넣을 수 있습니다.

 Tip [글자 서식] 도구상자에서도 글자 서식을 변경할 수 있습니다.

① 글머리표를 적용할 글자를 영역 지정한 후 마우스 오른쪽 버튼을 클릭하여 [문단 번호 모양]을 클릭합니다.

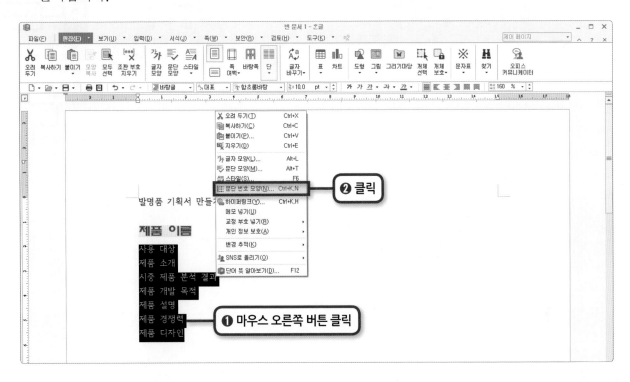

② [문단 번호/글머리표] 대화상자가 나타나면 [글머리표] 탭 혹은 [그림 글머리표] 탭에서 원하는 글머리표 모양을 선택한 후 [설정] 버튼을 클릭합니다.

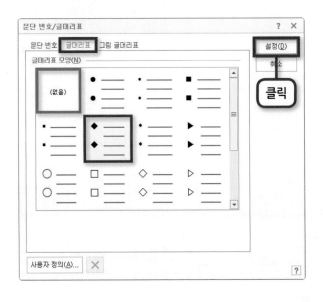 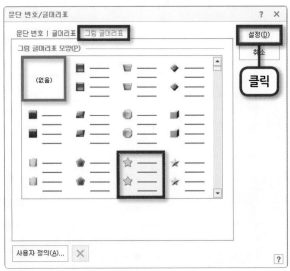

 글머리표 삭제 방법

[문단 번호/글머리표] 대화상자에서 '없음'을 선택합니다.

❸ 문자표를 입력할 위치에 마우스 커서를 위치시킨 후 [입력] 탭-[문자표(※)]-[문자표]를 클릭합니다.

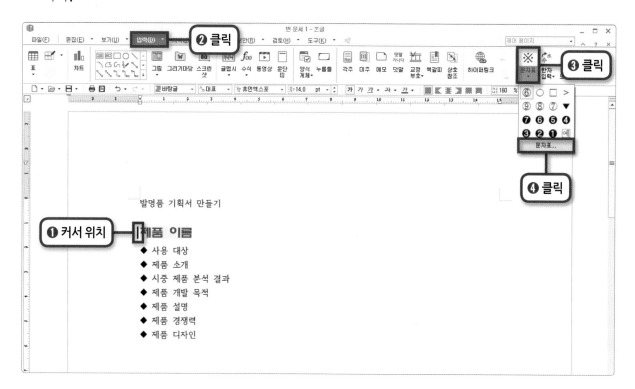

 Ctrl + F10 키를 눌러 문자표를 삽입할 수도 있습니다.

❹ [문자표 입력] 대화상자가 나타나면 원하는 문자표를 선택한 후 [넣기] 버튼을 클릭합니다.

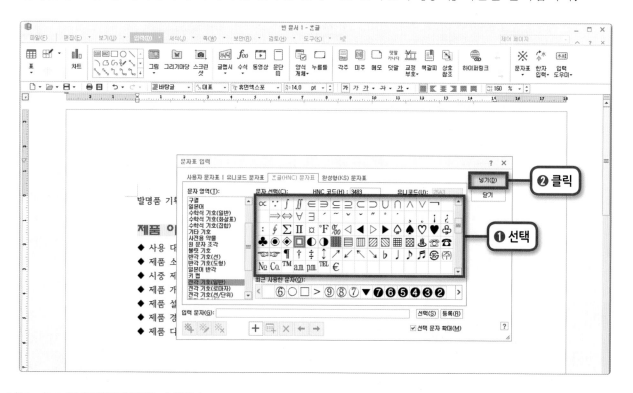

표 삽입하고 셀 서식 지정하기

❶ [입력] 탭에서 [표(⊞)]를 클릭하여 [표 만들기] 대화상자가 나타나면 줄 수와 칸 수를 입력한 후 [만들기] 버튼을 클릭합니다.

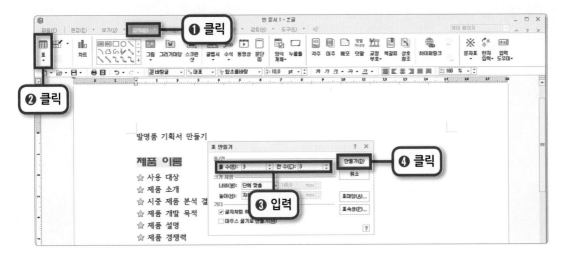

❷ 셀의 배경색과 테두리를 변경하기 위해 서식을 변경할 셀을 드래그하여 선택한 후 마우스 오른쪽 버튼을 클릭하고 [셀 테두리/배경]-[각 셀마다 적용]을 클릭합니다.

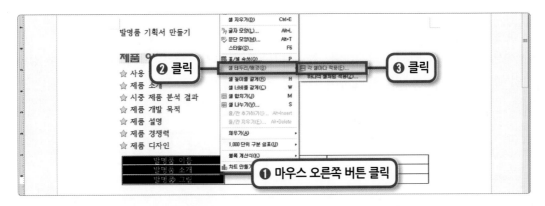

❸ [셀 테두리/배경] 대화상자가 나타나면 [테두리] 탭과 [배경] 탭에서 테두리 서식과 배경 서식을 지정한 후 [설정] 버튼을 클릭합니다.

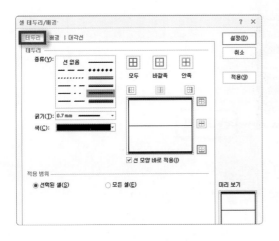
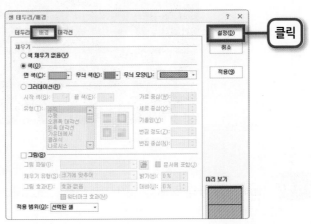

05 그림 삽입하고 자르기

❶ [입력] 탭-[그림(🖼)]을 클릭하여 [그림 넣기] 대화상자가 나타나면 앞서 다운로드 받은 그림 혹은 예제 파일을 선택한 후 [넣기] 버튼을 클릭합니다.

❷ 그림이 삽입되면 그림의 크기 조절점을 드래그하여 크기를 조절합니다.

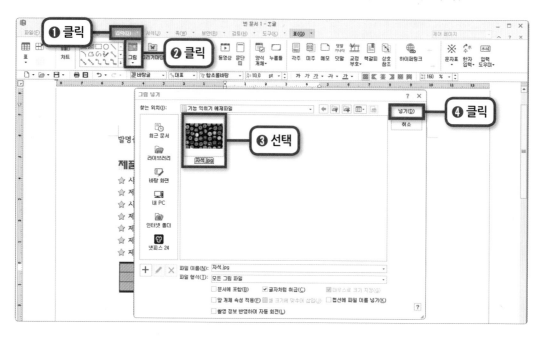

❸ 그림을 선택하고 [🖼] 탭-[자르기(🔲)]를 클릭하여 자르기 기능이 활성화되면 자를 영역만큼 드래그한 후 화면의 빈 공간을 클릭하여 그림을 자릅니다.

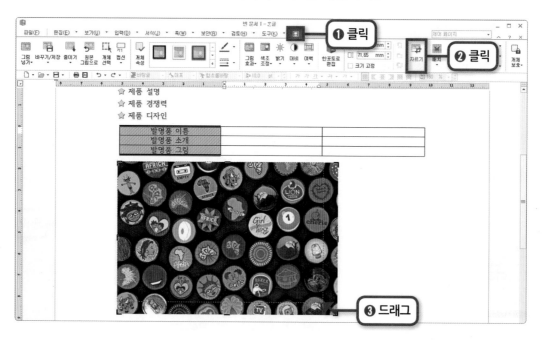

 Tip Shift 키를 누른 상태로 크기 조절점을 드래그하여도 그림을 자를 수 있습니다.

▶▶ 학습한 내용을 바탕으로 완성 파일을 참고하여 나만의 스타일로 발명품 기획서를 완성해 봅니다.

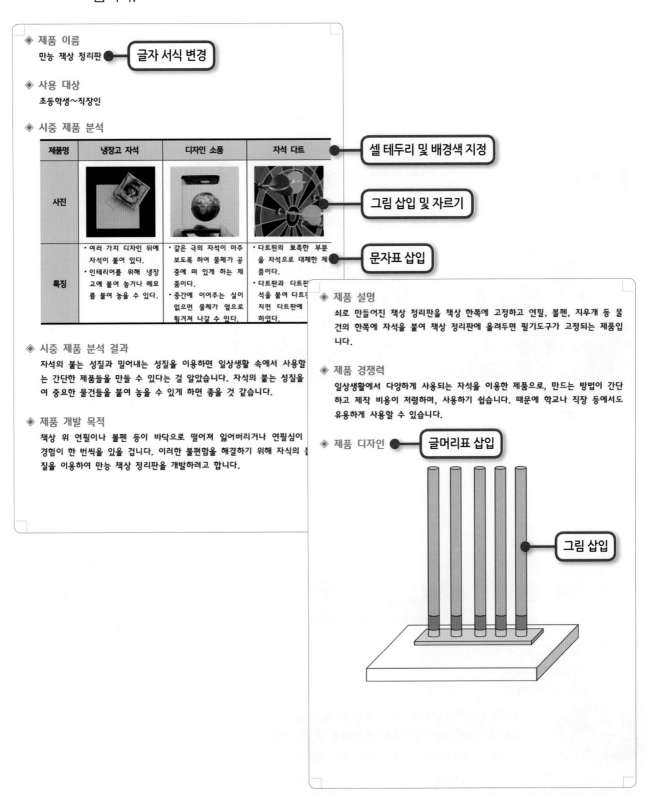

◈ 제품 이름
만능 책상 정리판 ●━━ 글자 서식 변경

◈ 사용 대상
초등학생~직장인

◈ 시중 제품 분석

제품명	냉장고 자석	디자인 소품	자석 다트
사진			
특징	• 여러 가지 디자인 뒤에 자석이 붙어 있다. • 인테리어를 위해 냉장고에 붙여 놓거나 메모를 붙여 놓을 수 있다.	• 같은 극의 자석이 마주 보도록 하여 물체가 공중에 떠 있게 하는 제품이다. • 중간에 이어주는 실이 없으면 물체가 옆으로 튕겨져 나갈 수 있다.	• 다트핀의 뾰족한 부분을 자석으로 대체한 제품이다. • 다트판과 다트[핀에] 자석을 붙여 다트[핀이] 지면 다트판에[붙게] 하였다.

━━● 셀 테두리 및 배경색 지정

━━● 그림 삽입 및 자르기

━━● 문자표 삽입

◈ 시중 제품 분석 결과
자석의 붙는 성질과 밀어내는 성질을 이용하면 일상생활 속에서 사용할 수 있는 간단한 제품들을 만들 수 있다는 걸 알았습니다. 자석의 붙는 성질을 [이용하]여 중요한 물건들을 붙여 놓을 수 있게 하면 좋을 것 같습니다.

◈ 제품 개발 목적
책상 위 연필이나 볼펜 등이 바닥으로 떨어져 잃어버리거나 연필심이 [부러진] 경험이 한 번씩은 있을 겁니다. 이러한 불편함을 해결하기 위해 자석의 [붙는 성]질을 이용하여 만능 책상 정리판을 개발하려고 합니다.

◈ 제품 설명
쇠로 만들어진 책상 정리판을 책상 한쪽에 고정하고 연필, 볼펜, 지우개 등 물건의 한쪽에 자석을 붙여 책상 정리판에 올려두면 필기도구가 고정되는 제품입니다.

◈ 제품 경쟁력
일상생활에서 다양하게 사용되는 자석을 이용한 제품으로, 만드는 방법이 간단하고 제작 비용이 저렴하며, 사용하기 쉽습니다. 때문에 학교나 직장 등에서도 유용하게 사용할 수 있습니다.

◈ 제품 디자인 ●━━ 글머리표 삽입

━━● 그림 삽입

02
Chapter

전래동화 인물 인터뷰하기

학습내용 알아보기

- 미리캔버스에 가입할 수 있습니다.
- 페이지에 템플릿을 적용할 수 있습니다.
- 텍스트 상자의 내용을 수정하고 복사할 수 있습니다.
- 요소를 삭제하고 추가할 수 있습니다.
- 완성된 작품을 프레젠테이션 파일로 저장할 수 있습니다.

◆ **예제 파일** | 없음 ◆ **완성 파일** | 전래동화 인물 인터뷰하기_완성.pptx

수행 평가 기준

- 작품의 전반적인 내용을 이해하고 줄거리를 말할 수 있는가?
- 작품에서 등장인물이 각자 어떠한 역할을 하는지 말할 수 있는가?
- 작품을 읽고 작품에서 이야기하고자 하는 교훈이 무엇인지 말할 수 있는가?

01 과제 수행 준비하기

▶▶ 과제를 수행하기 위해 필요한 자료들을 정리해 봅니다.

● 과제를 수행하기 위해서는 작품의 전반적인 내용을 이해하고 작품 속 등장인물의 당시 심정을 유추하여 전달하고자 하는 교훈을 파악해야 합니다. 단순히 작품의 줄거리를 나열하는 것이 아니라, 작품을 읽고 느낀 점과 나의 생각을 다양한 방법을 이용하여 표현할 수 있어야 합니다.

구분	내용	
선정한 작품		
작품의 줄거리		
작품의 교훈		
표현 방법		
내용 작성하기		

● 예시

구분	내용
선정한 작품	토끼와 거북이
작품의 줄거리	옛날 옛적 한 마을에 토끼와 거북이가 살고 있었다. 달리기가 빠른 토끼는 걸음이 느린 거북이를 매번 놀려댔고, 이에 화가 난 거북이는 토끼를 찾아가 달리기 경주를 제안한다. 토끼는 거북이의 제안을 받아들였고, 토끼와 거북이는 달리기 경주를 하게 된다. 경주를 시작한 후 토끼는 자신보다 훨씬 뒤처진 거북이를 보며 안심하고 낮잠을 자게 되는데, 그동안 거북이는 토끼를 지나쳐 결승점까지 향한다. 뒤늦게 잠에서 깬 토끼는 깜짝 놀라 전속력으로 결승점을 향해 달렸지만 이미 거북이가 먼저 결승점을 통과한 뒤였다.
작품의 교훈	• 자신의 능력이 뛰어나다고 해서 자만하면 안 된다. • 묵묵히 노력하면 좋은 결실을 맺을 수 있다. • 다른 사람의 능력이 나보다 떨어진다고 해서 무시하면 안 된다. • 평소에 게으르게 살지 말고 부지런하게 살아야 한다.
표현 방법	작품 속 주인공에 대해 인터뷰하는 방법
내용 작성하기	김기자 : 드디어 토끼와 거북이의 달리기 경주가 끝났습니다. 그런데 이게 무슨 일인가요? 거북이가 토끼를 이겼다고 합니다. 지금부터 인터뷰를 통해 경주 결과에 대한 선수들의 생각을 들어보겠습니다. || 토끼 인터뷰	거북이 인터뷰
김기자 : 이번 경기에서 거북이에게 졌는데 후회되는 점이 있나요? 토끼 : 네. 제가 거북이보다 빠르다는 것에 자만해서 낮잠을 자고 말았습니다. 다음 경기에서는 자만하지 않고 겸손하게 경기를 하겠습니다.	김기자 : 이번 경기에서 예상을 뒤엎고 토끼에게 이겼는데 어떤가요? 거북이 : 경기 도중 지치기도 했는데 참고 묵묵히 경기를 했더니 이렇게 좋은 결과를 얻을 수 있었어요. 누구든지 꾸준히 노력한다면 좋은 결실을 맺을 수 있다고 말씀드리고 싶습니다.	

 Tip

작품을 선정하지 못했다면, 예시의 내용을 활용하여 과제를 수행해 보세요.

▶▶ 과제를 수행하기 위해 필요한 프로그램의 기능을 알아봅니다.

01 미리캔버스 가입하기

❶ '미리캔버스(https://www.miricanvas.com/)' 사이트에 접속하여 [로그인하기]−[회원 가입하기]를 클릭합니다.

❷ 이름과 이메일, 비밀번호를 입력한 후 [무료 회원가입]을 클릭합니다.

Tip 미리캔버스에 접속할 때는 크롬(🔴) 브라우저를 이용합니다.

02 페이지에 템플릿 적용하기

상단 메뉴에서 [1080px×1080px]−[프레젠테이션]을 클릭하여 템플릿 창이 나타나면 원하는 템플릿을 선택합니다.

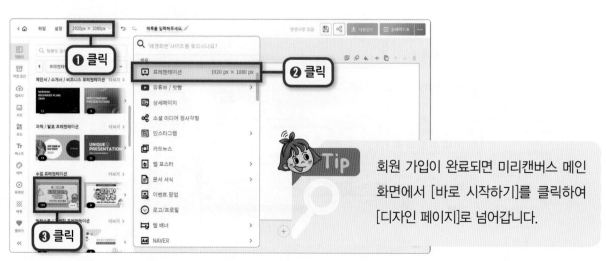

Tip 회원 가입이 완료되면 미리캔버스 메인 화면에서 [바로 시작하기]를 클릭하여 [디자인 페이지]로 넘어갑니다.

03 텍스트 수정하고 복사하기

❶ 템플릿이 선택되면 원하는 페이지 디자인을 선택합니다.

❷ 수정하고 싶은 텍스트 상자를 더블클릭하여 텍스트가 영역 지정되면 입력되어 있는 텍스트를 삭제하고 원하는 텍스트를 입력합니다.

❸ 텍스트를 드래그하여 영역 지정한 후 화면 왼쪽에 [텍스트 서식] 창이 나타나면 [글자색]에서 원하는 색을 선택하여 글자색을 변경합니다.

❹ 텍스트 상자의 조절점을 드래그하여 텍스트의 크기를 조절하고 텍스트 상자의 위치를 자유롭게 변경해 봅니다.

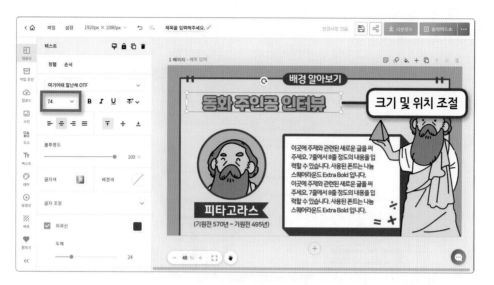

 화면 왼쪽의 [텍스트 서식] 창에서도 텍스트의 크기를 조절할 수 있습니다.

❺ 텍스트를 복사하여 사용하기 위해 복사할 텍스트 상자를 마우스 오른쪽 버튼으로 클릭한 후 [복사]를 클릭합니다.

❻ 다시 마우스 오른쪽 버튼을 클릭한 후 [붙여넣기]를 클릭합니다.

04 요소 삭제하고 추가하기

❶ 불필요한 요소를 삭제하기 위해 삭제할 요소를 마우스 오른쪽 버튼으로 클릭한 후 [삭제]를 클릭합니다. 같은 방법으로 불필요한 요소를 모두 삭제해 봅니다.

 Tip Delete 키를 눌러서 삭제할 수도 있습니다.

❷ 요소를 추가하기 위해 왼쪽 메뉴 중 [요소]를 클릭하여 나타나는 요소들을 선택하거나 검색창에 검색할 단어를 입력하여 사용할 요소들을 추가한 후 크기와 위치를 조절해 봅니다.

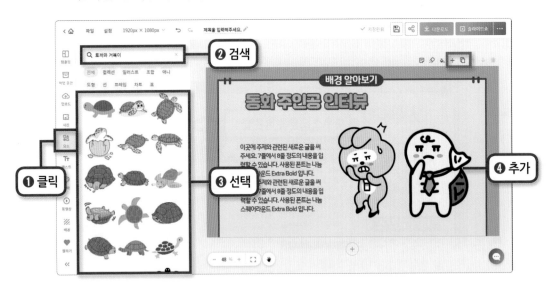

Tip
- 페이지에 삽입된 요소를 클릭하면 나타나는 서식 창에서 다양한 스타일을 적용해 봅니다.
- 페이지를 추가하려면 페이지 오른쪽 상단의 [새 페이지 추가(➕)]를 클릭하거나 현재 페이지를 복제하려면 [페이지 복제(▢)]를 클릭합니다.

05 완성된 작품 프레젠테이션 파일로 저장하기

❶ 오른쪽 상단의 [다운로드]를 클릭한 후 파일 형식을 'pptx'로 선택하고 [다운로드]를 클릭합니다.

❷ 저장된 작품을 [PowerPoint 2016] 프로그램에서 실행해 봅니다.

다운로드 받은 작품은 [내 PC]-[다운로드] 폴더에 저장됩니다. 미리캔버스에서 제작한 작품을 프레젠테이션 파일로 저장한 후 파워포인트 프로그램에서 실행하면 텍스트를 수정하거나 서식을 변경할 수 없습니다.

▶▶ 학습한 내용을 바탕으로 완성 파일을 참고하여 나만의 스타일로 전래동화 인물 인터뷰를
완성해 봅니다.

Tip 요소의 순서 때문에 다른 요소가 선택되지 않는다면 요소를 마우스 오른쪽 버튼으로 클릭한 후 순서를
변경합니다.

토끼 인터뷰   HD FPS 25

이번 경기에서 거북이에게 졌는데 후회되는 점이 있나요?

네. 제가 거북이보다 빠르다는 것에 자만해서 낮잠을
자고 말았습니다.
다음 경기에서는 자만하지 않고 겸손하게 경기를 하겠습니다.

토끼

토끼와 거북이 인터뷰
01:03:57

REC

거북이 인터뷰   HD FPS 25

이번 경기에서 예상을 뒤엎고 토끼에게 이겼는데 어떤가요?

경기 도중 지치기도 했는데 참고 묵묵히 경기를 했더니
이렇게 좋은 결과를 얻을 수 있었어요.
누구든지 꾸준히 노력한다면 좋은 결실을 맺을 수 있다고
말씀드리고 싶습니다.

거북이

토끼와 거북이 인터뷰

오늘의 교훈   HD FPS 25

자신의 능력에
자만하지 말자

묵묵히 노력하면
좋은 결과를
얻는다.

다른 사람의
능력을
무시하지 말자.

게으르게
살지 말자.

텍스트 복사

토끼와 거북이 인터뷰
01:03:57

REC

03
Chapter

수학 문제 만들기

학습내용 알아보기

- 머리말을 삽입할 수 있습니다.
- 쪽 번호를 추가할 수 있습니다.
- 쪽 테두리 서식을 지정할 수 있습니다.
- 수식을 입력할 수 있습니다.

◆ **예제 파일** | 없음 ◆ **완성 파일** | 수학 문제 만들기_완성.hwp

분수 문제 만들기

4학년	분수 문제 만들기	학년	반
	실력 쑥쑥	이름	

1. 분수만큼 색칠하고 알맞은 말에 ○표해 보세요.

① $\frac{1}{5}$

② $\frac{3}{8}$

$\frac{1}{5}$은 $\frac{3}{8}$보다 (크다, 작다)

2. 두 분수의 크기를 비교하여 알맞은 부등호로 표시해 보세요.

① $\frac{2}{3}$ □ $\frac{1}{3}$

② $\frac{2}{3}$ □ $\frac{2}{7}$

③ $\frac{7}{11}$ □ $\frac{2}{3}$

3. 다음 분수의 덧셈과 뺄셈을 계산해 보세요.

① $\frac{5}{10} - \frac{1}{2} + \frac{2}{3} =$

② $\frac{2}{5} + \frac{1}{3} - \frac{2}{7} =$

- 1 -

수행 평가 기준

- 분수의 개념에 대해 말할 수 있는가?
- 분수를 비교하여 큰 값과 작은 값을 알 수 있는가?
- 분수를 더하거나 뺄 수 있는가?

01 과제 수행 준비하기

▶▶ 과제를 수행하기 위해 필요한 자료들을 정리해 봅니다.

● 분수란 전체에 대한 부분을 나타내는 수로, 전체를 나타내는 분모와 부분을 나타내는 분자로 구성됩니다. 분수는 $\frac{1}{2}$과 같이 표기하며 아래 숫자를 분모, 위의 숫자를 분자라 합니다. 지금부터 분수에 대해 이해한 내용을 바탕으로 분수를 이용한 문제를 만들어 봅니다.

문제	내용

● 예시

문제	내용
1. 분수만큼 색칠하고 알맞은 말에 ○표해 보세요.	① $\dfrac{1}{5}$ ② $\dfrac{3}{8}$ $\dfrac{1}{5}$은 $\dfrac{3}{8}$보다 (크다, 작다)
2. 두 분수의 크기를 비교하여 알맞은 부등호로 표시해 보세요.	① $\dfrac{2}{3}$ □ $\dfrac{1}{3}$ ② $\dfrac{2}{3}$ □ $\dfrac{2}{7}$ ③ $\dfrac{7}{11}$ □ $\dfrac{2}{3}$
3. 다음 분수의 덧셈과 뺄셈을 계산해 보세요.	① $\dfrac{5}{10} - \dfrac{1}{2} + \dfrac{2}{3} =$ ② $\dfrac{2}{5} + \dfrac{1}{3} - \dfrac{2}{7} =$

Tip

분수 문제를 만들지 못했다면, 예시의 내용을 활용하여 과제를 수행해 보세요.

02 프로그램 기능 익히기

▶▶ 과제를 수행하기 위해 필요한 프로그램의 기능을 알아봅니다.

01 머리말 삽입하기

① [한글 NEO] 프로그램을 실행한 후 [쪽] 탭의 [머리말(▤)]–[머리말/꼬리말]을 클릭합니다.

② [머리말/꼬리말] 대화상자가 나타나면 [만들기] 버튼을 클릭합니다.

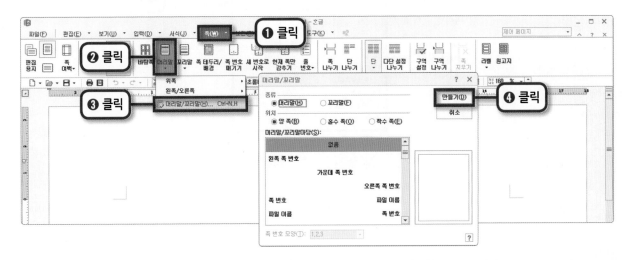

③ 머리말을 입력할 수 있는 상태가 되면 머리말로 사용할 내용을 입력한 후 서식 도구상자에서 글자 서식을 지정합니다. 머리말 입력이 완료되면 [머리말/꼬리말] 탭의 [머리말/꼬리말 닫기(→▐)]를 클릭합니다.

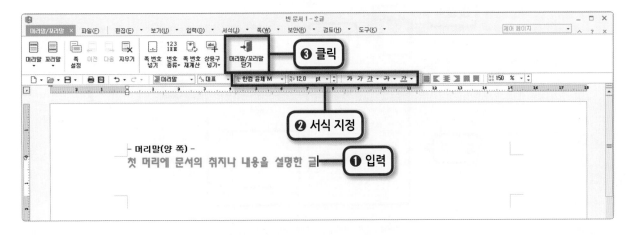

머리말 입력 창에서 마우스 오른쪽 버튼을 클릭한 후 [닫기]를 클릭하여 [머리말/꼬리말] 입력 창을 빠져 나올 수도 있습니다.

02 쪽 번호 추가하기

[쪽] 탭-[쪽 번호 매기기(□)]를 클릭하여 [쪽 번호 매기기] 대화상자가 나타나면 쪽 번호로 사용할 모양과 쪽 번호 위치를 지정한 후 [넣기] 버튼을 클릭합니다.

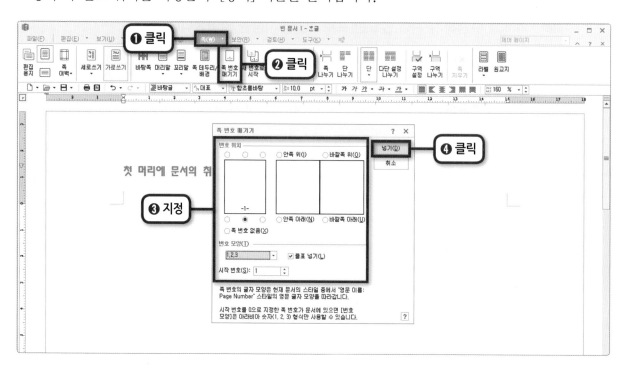

03 쪽 테두리 서식 지정하기

[쪽] 탭-[쪽 테두리/배경(□)]을 클릭하여 [쪽 테두리/배경] 대화상자가 나타나면 테두리 종류와 굵기, 색 등을 지정한 후 [설정] 버튼을 클릭합니다.

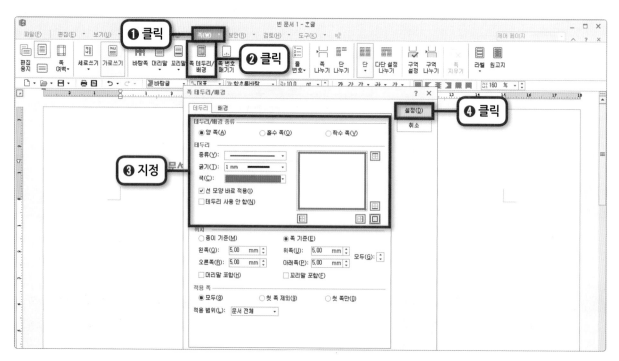

04 수식 입력하기

❶ [입력] 탭의 [수식($f∞$)]을 클릭하여 [수식 편집기] 창이 나타나면 분수를 클릭하여 분수를 입력
합니다.

❷ 수식 입력이 완료되면 [넣기(⬛)]를 클릭하여 문서에 추가합니다.

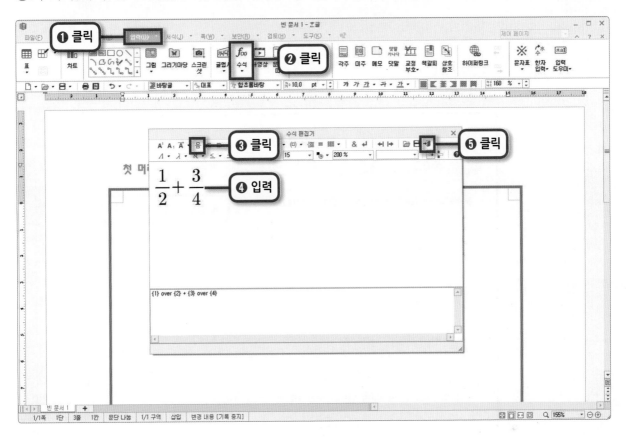

  Ctrl + N + M 키를 눌러 [수식 편집기] 창을 열 수도 있습니다.

03 수행 과제 해결하기

▶▶ 학습한 내용을 바탕으로 완성 파일을 참고하여 나만의 스타일로 분수 문제를 완성해 봅니다.

분수 문제 만들기 ●——— 머리말 삽입

4학년	분수 문제 만들기	학년	반
	실력 쑥쑥	이름	

●——— 표 삽입 및 셀 속성 지정

1. 분수만큼 색칠하고 알맞은 말에 ○표해 보세요.

① $\frac{1}{5}$

② $\frac{3}{8}$

$\frac{1}{5}$은 $\frac{3}{8}$보다 (크다, 작다)

2. 두 분수의 크기를 비교하여 알맞은 부등호로 표시해 보세요.

① $\frac{2}{3}$ □ $\frac{1}{3}$ ●——— 수식 입력

② $\frac{2}{3}$ □ $\frac{2}{7}$

③ $\frac{7}{11}$ □ $\frac{2}{3}$

●——— 쪽 테두리 지정

3. 다음 분수의 덧셈과 뺄셈을 계산해 보세요.

① $\frac{5}{10} - \frac{1}{2} + \frac{2}{3} =$

② $\frac{2}{5} + \frac{1}{3} - \frac{2}{7} =$

- 1 - ●——— 쪽 번호 추가

04 Chapter

서울 관광 지도 만들기

학습내용 알아보기

• 슬라이드 테마를 변경할 수 있습니다.
• 웹 페이지를 캡처하여 슬라이드에 삽입할 수 있습니다.
• 워드아트를 이용하여 글자를 꾸밀 수 있습니다.
• 도형에 그림을 삽입할 수 있습니다.
• 하이퍼링크를 연결할 수 있습니다.

◆ **예제 파일** | 04강 [수행 과제 예제 파일] 폴더 ◆ **완성 파일** | 서울 관광 지도 만들기_완성.pptx

수행 평가 기준

• 관광지로 적합한 장소를 선정할 수 있는가?
• 추천 장소의 위치를 지도에 정확하게 표시할 수 있는가?
• 추천 장소에 대한 정보를 제공할 수 있는가?

▶▶ 과제를 수행하기 위해 필요한 자료들을 정리해 봅니다.

● 관광 지도는 타 지역에 사는 사람이나 외국인들에게 그 지역에서 가볼 만한 장소가 어디인지 소개하고
해당 장소의 위치와 장소에 대한 정보를 전달할 수 있어야 합니다. 소개하고 싶은 장소를 선정하여
장소와 관련된 정보를 정리해 봅니다.

구분		내용
	주소	
	운영시간	
	연락처	
	정보	
	주소	
	운영시간	
	연락처	
	정보	
	주소	
	운영시간	
	연락처	
	정보	
	주소	
	운영시간	
	연락처	
	정보	
	주소	
	운영시간	
	연락처	
	정보	

● 예시

구분		내용
경복궁	주소	서울특별시 종로구 세종로 사직로 161
	운영시간	오전 09:00~오후 06:00
	연락처	02-3700-3900
	정보	경복궁은 조선왕조 제일의 법궁으로 궁궐 안에는 왕족들의 생활 공간과 휴식을 취하는 후원 공간, 왕과 관리들이 일을 보는 정무 시설이 있다.
동대문	주소	서울특별시 종로구 종로 288 흥인지문
	운영시간	–
	연락처	02-2148-4166
	정보	대한민국 보물 제1호로 조선 수도 한양의 4대문 중 하나이며 동쪽의 대문이다.
명동 거리	주소	서울 4호선 명동역
	운영시간	–
	연락처	–
	정보	세계적인 패션 브랜드, 고급 백화점, 한국 브랜드 화장품 매장으로 가득한 쇼핑 거리이다.
전쟁기념관	주소	서울특별시 용산구 남영동 이태원로 29
	운영시간	오전 09:30~오후 06:00
	연락처	02-709-3139
	정보	한국 전쟁 박물관으로 호국 추모실, 전쟁 역사실, 옥외 전시장 등이 있다.
남산타워	주소	서울특별시 용산구 남산공원길 105
	운영시간	오전 10:00~오후 11:00
	연락처	02-3455-9277
	정보	서울의 야경을 한눈에 볼 수 있는 명소이다.

Tip 관광 지도를 만들 장소에 대해 조사하지 못했다면, 예시의 내용을 활용하여 과제를 수행해 보세요.

◆ **예제 파일** | 04강 [기능 익히기 예제 파일] 폴더

▶▶ 과제를 수행하기 위해 필요한 프로그램의 기능을 알아봅니다.

01 슬라이드 테마 변경하기

❶ [PowerPoint 2016] 프로그램을 실행한 후 '새 프레젠테이션'을 클릭합니다.

❷ 슬라이드 테마를 변경하기 위해 [디자인] 탭-[테마] 그룹에서 원하는 테마를 선택합니다.

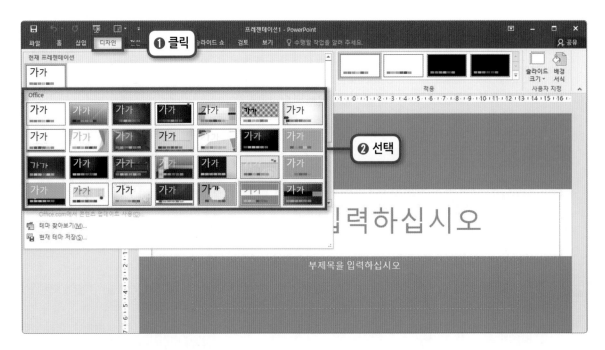

02 웹 페이지 캡처하여 슬라이드에 삽입하기

❶ 크롬(◎) 브라우저를 실행하여 '구글맵(https://www.google.co.kr/maps)' 사이트에 접속한 후 검색창에 소개하고 싶은 지역의 이름을 검색합니다.

❷ 다시 파워포인트 창을 열고 [삽입] 탭-[이미지] 그룹-[스크린샷(📷+)]을 클릭한 후 [화면 캡처]를 클릭합니다.

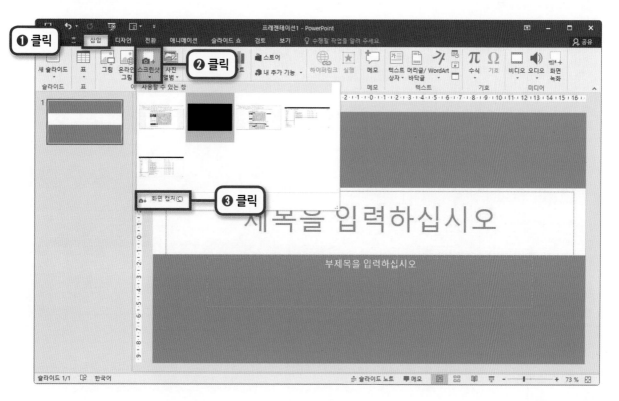

❸ 캡처가 가능한 상태가 되면 앞서 검색했던 지도를 드래그하여 캡처한 후 캡처된 이미지가 슬라이드에 삽입되는지 확인합니다.

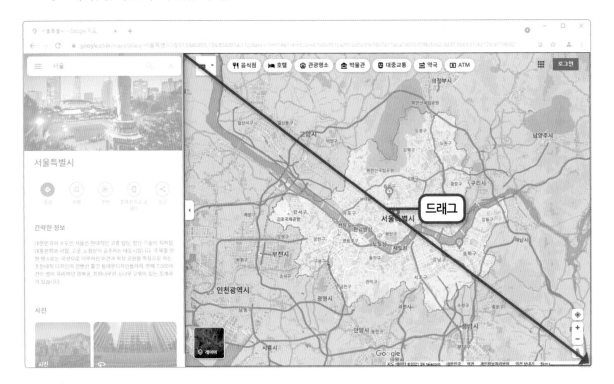

❹ 캡처된 이미지의 크기 조절점을 드래그하여 슬라이드에 이미지 크기를 맞춥니다.

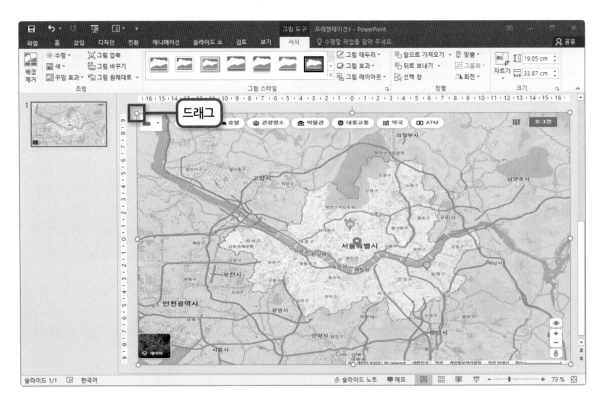

워드아트 삽입하고 텍스트 효과 지정하기

❶ [삽입] 탭-[텍스트] 그룹-[WordArt()]를 클릭하고 원하는 워드아트 스타일을 선택하여 워드
아트가 삽입되면 내용을 입력합니다.

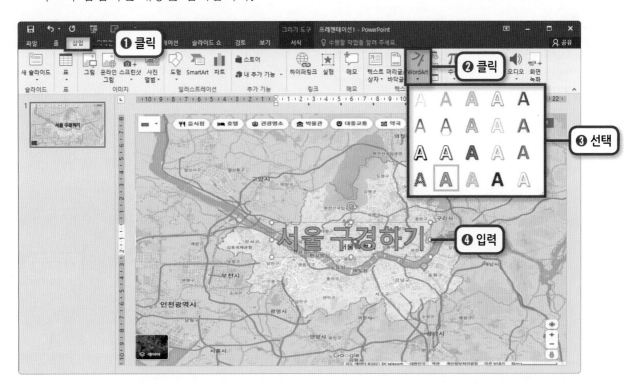

❷ [그리기 도구]-[서식] 탭-[WordArt 스타일] 그룹-[텍스트 효과]를 클릭한 후 원하는 텍스트
효과를 선택합니다.

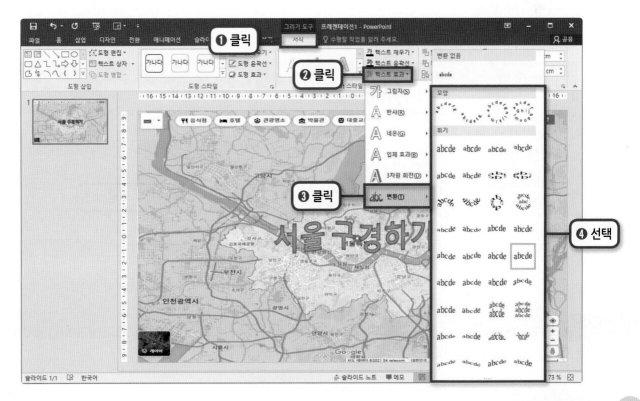

04 도형에 그림 삽입하기

❶ [삽입] 탭-[일러스트레이션] 그룹-[도형(▱)]을 클릭하여 원하는 도형을 선택한 후 드래그하여 도형을 삽입합니다.

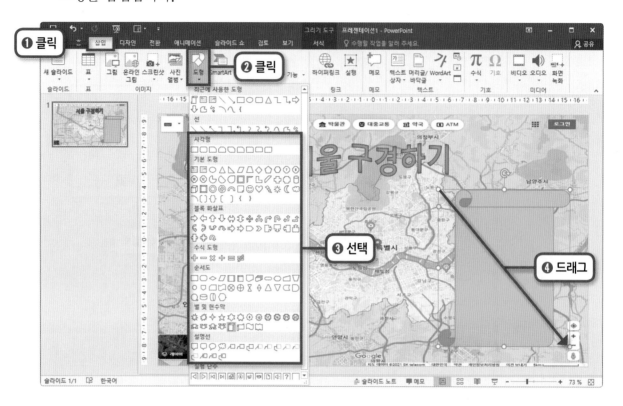

❷ 삽입된 도형을 선택한 후 [그리기 도구]-[서식] 탭-[도형 스타일] 그룹-[도형 채우기]-[그림]을 클릭합니다.

❸ [그림 삽입] 대화상자가 나타나면 [파일에서]를 클릭한 후 그림을 선택하여 삽입합니다.

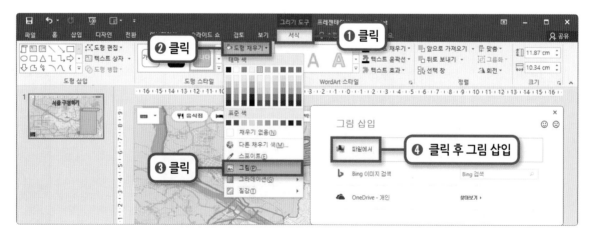

Tip '픽사베이(http://pixabay.com/ko/)' 사이트에 접속하여 그림을 다운로드 받거나 예제 파일을 이용하여 그림을 삽입합니다.

하이퍼링크 연결하기

❶ [홈] 탭–[슬라이드] 그룹–[새 슬라이드(🖺)]를 클릭하여 슬라이드를 추가한 후 다시 첫 번째 슬라이드를 선택하고 삽입한 도형을 클릭합니다. 이어서 [삽입] 탭–[링크] 그룹–[하이퍼링크(🌐)]를 클릭합니다.

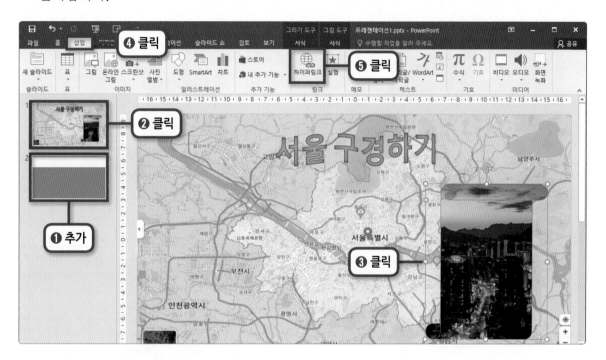

❷ [하이퍼링크 삽입] 대화상자가 나타나면 [현재 문서]를 클릭한 후 [이 문서에서 위치 선택]에서 이동하고자 하는 슬라이드를 선택한 후 [확인] 버튼을 클릭합니다.

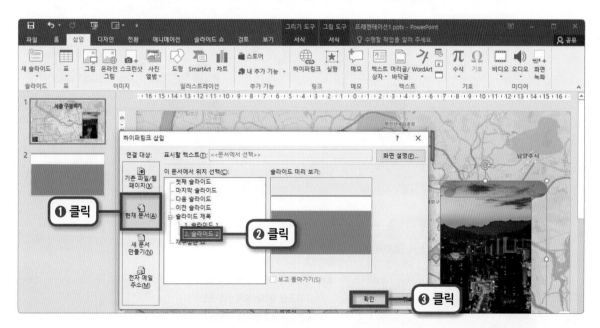

❸ F5 키를 눌러 슬라이드 쇼를 시작한 후 도형을 클릭하여 지정한 슬라이드로 이동하는지 확인해 봅니다.

▶▶ 학습한 내용을 바탕으로 완성 파일을 참고하여 나만의 스타일로 관광 지도를 완성해 봅니다.

그림 삽입

워드아트 삽입

슬라이드 테마 변경

구글 지도 캡처

도형에 그림 삽입

하이퍼링크 연결

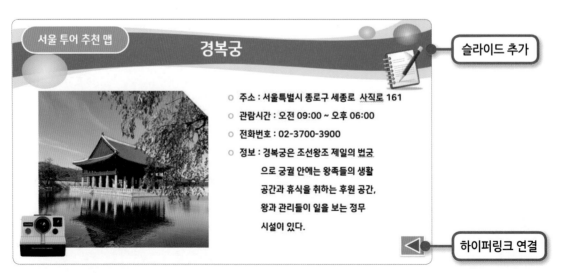

슬라이드 추가

하이퍼링크 연결

05
Chapter

가을과 관련된 시 쓰기

학습내용 알아보기

- 페이지의 방향을 설정할 수 있습니다.
- 페이지에 배경을 삽입할 수 있습니다.
- 텍스트 서식을 변경할 수 있습니다.
- 완성된 작품을 이미지 파일로 저장할 수 있습니다.

◆ **예제 파일** | 없음 ◆ **완성 파일** | 가을과 관련된 시 쓰기_완성.png

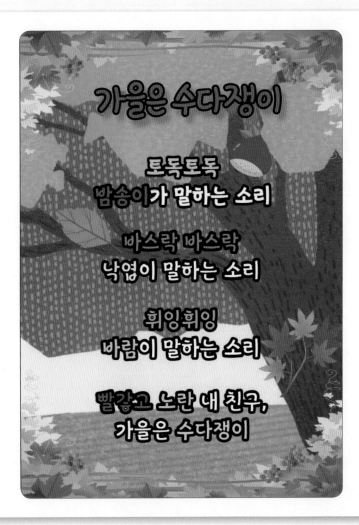

수행 평가 기준

- 주제와 관련된 단어들을 마인드맵을 이용하여 나열할 수 있는가?
- 단어들을 이용하여 마음속에 떠오르는 느낌을 시로 표현할 수 있는가?

01 과제 수행 준비하기

▶▶ 과제를 수행하기 위해 필요한 자료들을 정리해 봅니다.

● 시를 쓸 때는 주제와 관련하여 떠오르는 내용을 나열하고 이를 함축적으로 표현할 수 있어야 합니다. 주제와 관련하여 떠오르는 내용을 나열할 때는 마인드맵 기법을 이용하면 좋은데, 마인드맵을 통해 나온 단어들을 이용해 마음속에 떠오르는 느낌을 압축하여 시로 표현해야 합니다.

구분	내용
가을하면 떠오르는 경험이나 느낌 마인드맵으로 표현하기	가을
시 작성하기	

● 예시

구분	내용
가을하면 떠오르는 경험이나 느낌 마인드맵으로 표현하기	(마인드맵 그림) 가을 — 열매(밤송이, 토독토독, 따가움, 알밤, 추석, 추수, 벼), 낙엽(바스락, 단풍구경, 단풍나무, 단풍놀이, 빨간색, 은행나무, 가로수, 노란색), 높은 하늘(구름, 하얀색, 순수, 의사, 솜사탕, 달콤함, 솜이불, 바람 소리, 휘잉휘잉, 시원함, 선풍기, 계곡)
시 작성하기	**가을은 수다쟁이** 토독토독 밤송이가 말하는 소리 바스락 바스락 낙엽이 말하는 소리 휘잉휘잉 바람이 말하는 소리 빨갛고 노란 내 친구, 가을은 수다쟁이

Tip 가을과 관련된 시를 작성하지 못했다면, 예제를 활용하여 과제를 수행해 보세요.

♥ 예제 파일 | 없음

▶▶ 과제를 수행하기 위해 필요한 프로그램의 기능을 알아봅니다.

01 페이지 방향 설정하기

크롬(◉) 브라우저를 실행하고 '미리캔버스(https://www.miricanvas.com/)' 사이트에 접속하여
로그인한 후 페이지 형식을 [웹 포스터]-[세로형]으로 선택합니다.

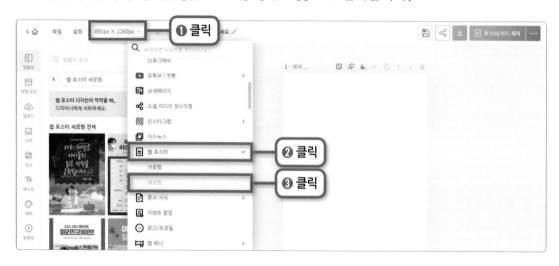

02 페이지에 배경 삽입하기

왼쪽 메뉴 중 [배경]을 클릭한 후 검색창에 배경으로 사용하고 싶은 배경과 관련된 단어를 검색하여
검색 결과가 나타나면 원하는 배경을 선택합니다.

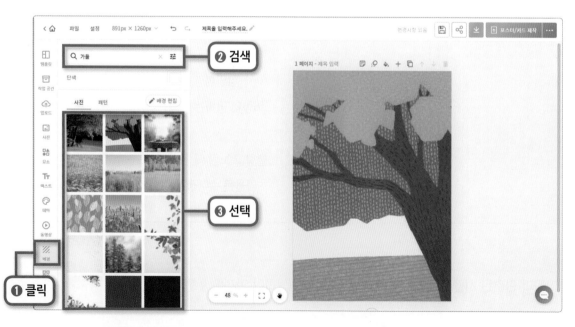

03 텍스트 서식 변경하기

❶ 왼쪽 메뉴 중 [텍스트]를 클릭한 후 [부제목 텍스트]를 클릭합니다.

❷ 페이지에 텍스트 상자가 삽입되면 시의 제목을 입력합니다.

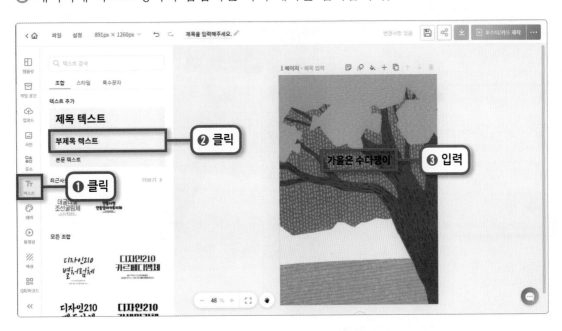

❸ 입력한 텍스트 상자를 선택합니다.

❹ [텍스트 서식] 창이 나타나면 글꼴, 정렬, 글자색, 외곽선 등의 텍스트 서식을 자유롭게 변경해 봅니다.

❺ [그림자] 속성을 활성화하여 텍스트의 그림자 색상, 방향, 불투명도, 거리, 흐림 등을 자유롭게 변경해 봅니다.

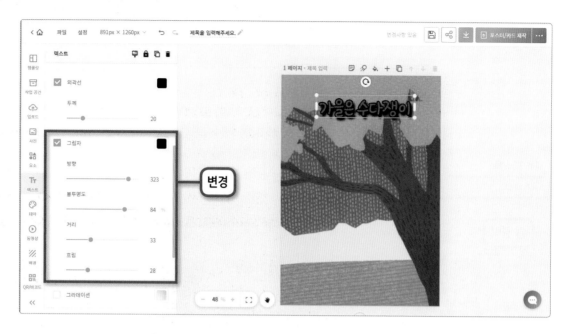

04 완성 작품 이미지 파일로 저장하기

❶ 작품이 완성되면 오른쪽 상단의 [다운로드]를 클릭합니다.

❷ 이미지 파일 형식(jpg, png)을 선택한 후 [빠른 다운로드]를 클릭하여 파일을 이미지로 저장합니다.

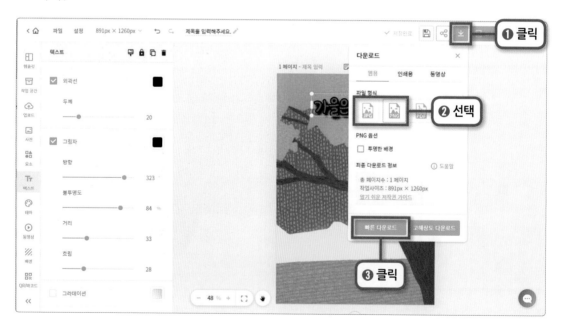

수행 과제 해결하기

▶▶ 학습한 내용을 바탕으로 완성 파일을 참고하여 나만의 스타일로 가을과 관련된 시를 완성해 봅니다.

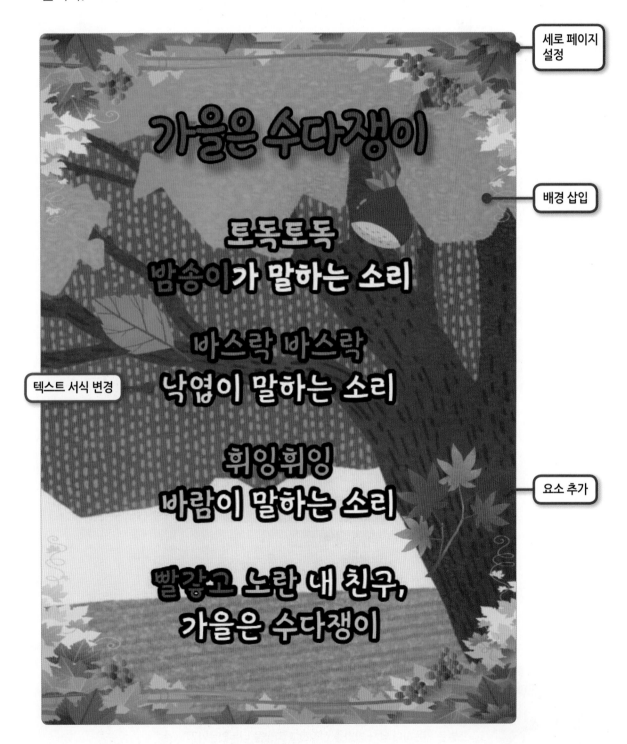

세로 페이지 설정

배경 삽입

텍스트 서식 변경

요소 추가

06
Chapter

문화유적 답사 계획서 만들기

학습내용 알아보기

- 그리기마당을 이용하여 개체를 삽입할 수 있습니다.
- 도형 서식을 변경할 수 있습니다.
- 도형 안에 글자를 입력할 수 있습니다.
- 글맵시를 삽입할 수 있습니다.

◆ 예제 파일 | 없음 ◆ 완성 파일 | 문화유적 답사 계획서 만들기_완성.hwp

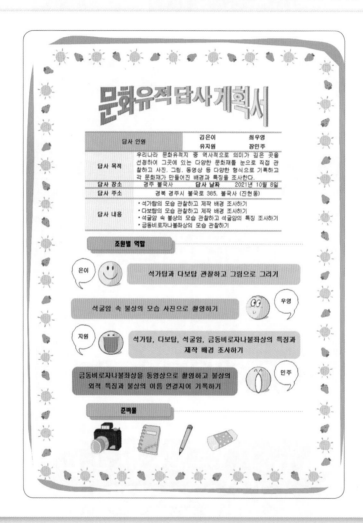

수행 평가 기준

- 답사 목적에 맞게 답사 장소를 선정하였는가?
- 조별로 의논하여 답사 방법을 선정하고 역할을 나누었는가?
- 답사를 위한 준비물은 빠짐 없이 기록하였는가?

01 과제 수행 준비하기

▶▶ 과제를 수행하기 위해 필요한 자료들을 정리해 봅니다.

● 답사 계획서는 답사를 가기 전 답사의 목적과 목적에 맞는 답사 장소를 선정한 후 구체적인 계획을 세워 작성해야 합니다. 답사 날짜와 답사 장소의 정확한 주소, 답사 내용, 답사 시 각자의 역할에 대해 조원들과 충분히 의논하여 답사 계획서를 완성해 봅니다.

구분	내용	
답사 인원		
답사 목적		
답사 장소		
답사 날짜		
답사지 주소		
답사 내용		
조원별 역할		
준비물		

● 예시

구분	내용
답사 인원	김은이, 최우영, 유지원, 장민주
답사 목적	우리나라 문화유적지 중 역사적으로 의미가 깊은 곳을 선정하여 그곳에 있는 다양한 문화재를 눈으로 직접 관찰하고 사진, 그림, 동영상 등 다양한 형식으로 기록하고 각 문화재가 만들어진 배경과 특징을 조사한다.
답사 장소	경주 불국사
답사 날짜	2021년 10월 8일
답사지 주소	경북 경주시 불국로 385, 불국사 (진현동)
답사 내용	• 석가탑의 모습 관찰하고 제작 배경 조사하기 • 다보탑의 모습 관찰하고 제작 배경 조사하기 • 석굴암 속 불상의 모습 관찰하고 석굴암의 특징 조사하기 • 금동비로자나불좌상의 모습 관찰하기

조원별 역할	김은이	석가탑과 다보탑 관찰하고 그림으로 그리기
	최우영	석굴암 속 불상의 모습 사진으로 촬영하기
	유지원	석가탑, 다보탑, 석굴암, 금동비로자나불좌상의 특징과 제작 배경 조사하기
	장민주	금동비로자나불좌상 동영상으로 촬영하고 불상의 외적 특징과 불상의 이름을 연결지어 기록하기

준비물	카메라(휴대폰), 노트, 연필, 지우개

Tip 답사 계획을 세우지 못했거나 조별 활동이 어렵다면, 예시의 내용을 활용하여 과제를 수행해 보세요.

02 프로그램 기능 익히기

◆ 예제 파일 | 없음

▶▶ 과제를 수행하기 위해 필요한 프로그램의 기능을 알아봅니다.

01 그리기마당으로 개체 삽입하기

❶ [한글 NEO] 프로그램을 실행한 후 [입력] 탭-[그리기마당(🖼)]을 클릭하여 [그리기마당] 대화
상자가 나타나면 [그리기 조각] 탭에서 원하는 개체를 선택한 후 [넣기] 버튼을 클릭합니다.

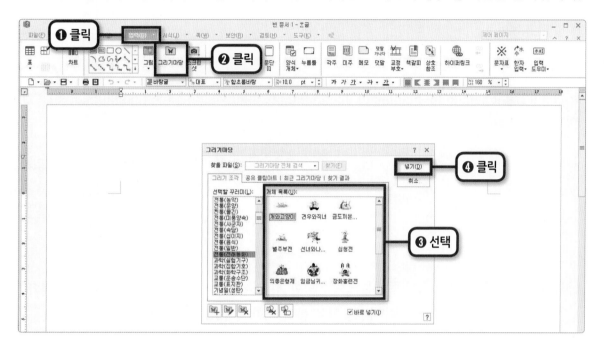

❷ 마우스 포인터의 모양이 '十' 모양으로 바뀌면 마우스를 드래그하여 개체를 삽입합니다.

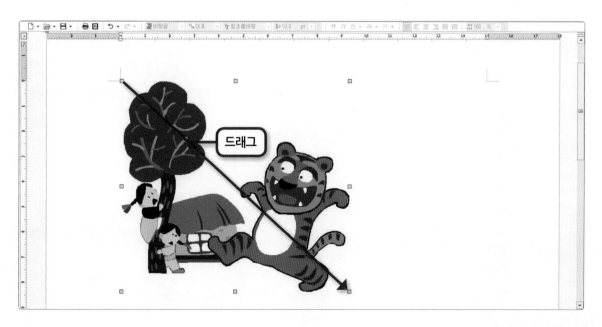

❸ 그리기마당 개체를 배경으로 삽입하기 위해 [입력] 탭–[그리기마당(🦋)]을 클릭한 후 [그리기 조각] 탭–[배경(그림1, 그림2)]에서 원하는 개체를 선택하고 [넣기] 버튼을 클릭합니다. 이어서 마우스를 드래그하여 페이지 전체에 개체를 삽입합니다.

[쪽] 탭–[바탕쪽(🎴)]을 클릭하고 [입력] 탭–[그리기마당(🦋)]을 클릭 하여 배경을 삽입할 수도 있습니다.

❹ 삽입한 개체를 마우스 오른쪽 버튼으로 클릭한 후 [개체 속성]을 클릭하여 [개체 속성] 대화상자가 나타나면 [기본] 탭의 [위치]에서 [글 뒤로]를 선택한 후 [설정] 버튼을 클릭합니다.

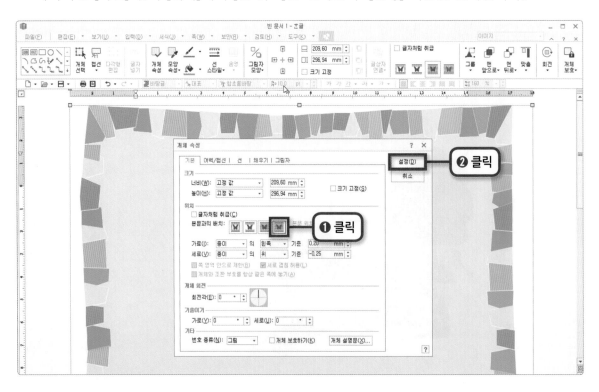

02 **도형 서식 지정하고 도형 안에 글자 입력하기**

❶ [입력] 탭-[도형]에서 '직사각형' 도형을 선택한 후 마우스를 드래그하여 도형을 삽입합니다.

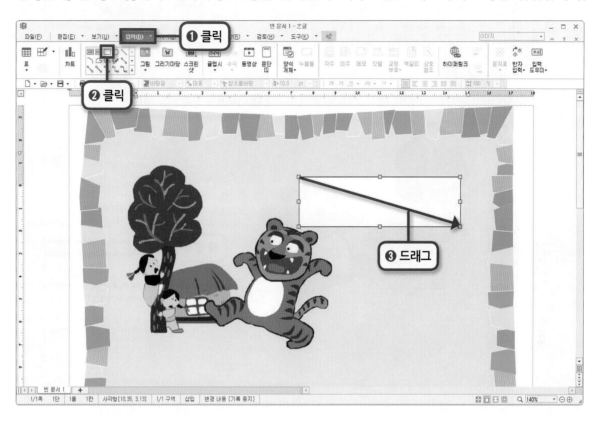

❷ 삽입한 도형을 선택한 후 마우스 오른쪽 버튼을 클릭하고 [개체 속성]을 클릭하여 나타나는 [개체
   속성] 대화상자에서 [선] 탭을 선택하고 선 색, 선 종류, 모서리 곡률 등의 서식을 지정합니다.

❸ [채우기] 탭에서 면 색, 무늬 색, 투명도 등의 서식을 지정한 후 [설정] 버튼을 클릭합니다.

 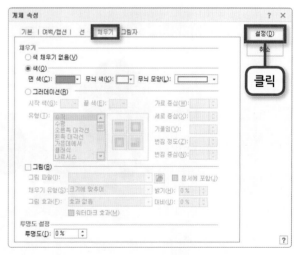

 도형을 클릭하면 나타나는 [▨] 탭에서도 도형 서식을 지정할 수 있습니다.

❹ 도형을 선택한 후 마우스 오른쪽 버튼을 클릭하여 [도형 안에 글자 넣기]를 클릭합니다.

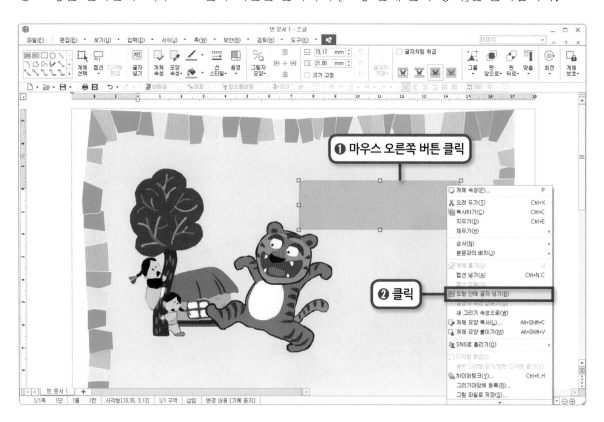

❺ 도형 안에 마우스 커서가 깜박이면 글자를 입력한 후 글자 서식을 지정합니다.

03 글맵시 삽입하기

❶ [입력] 탭-[글맵시()]를 클릭한 후 원하는 글맵시 스타일을 선택하여 [글맵시 만들기] 대화상
자가 나타나면 내용을 입력하고 글맵시 서식을 지정한 후 [설정] 버튼을 클릭합니다.

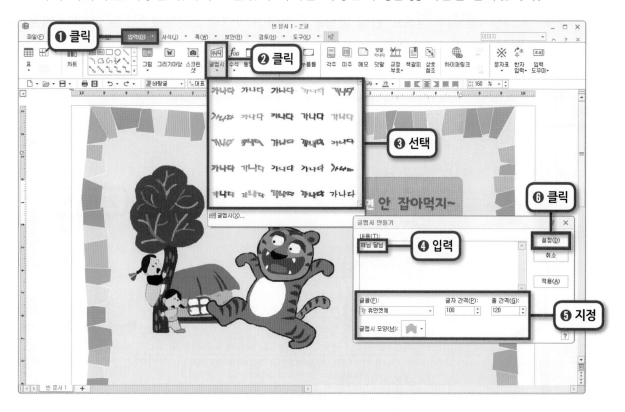

❷ 글맵시 개체가 삽입되면 조절점을 드래그하여 크기를 조정한 후 위치를 조절해 봅니다.

▶▶ 학습한 내용을 바탕으로 완성 파일을 참고하여 나만의 스타일로 문화유적 답사 계획서를 완성해 봅니다.

그리기마당
개체 삽입

글맵시 삽입

표 삽입 및 셀 속성 지정

도형 안에 글자 넣기

도형 서식 지정

그리기마당 개체 삽입

07

Chapter

별자리 소개 자료 만들기

학습내용 알아보기

- 외부 그림으로 슬라이드 배경을 지정할 수 있습니다.
- 그림을 삽입하고 그림 스타일을 지정할 수 있습니다.
- 도형을 삽입하고 도형 효과를 지정할 수 있습니다.
- 애니메이션 효과를 지정할 수 있습니다.

◆ **예제 파일** | 07강 [수행 과제 예제 파일] 폴더　◆ **완성 파일** | 별자리 소개 자료 만들기_완성.pptx

수행 평가 기준

- 별자리가 무엇인지 설명할 수 있는가?
- 다양한 별자리 종류에 대해 말할 수 있는가?
- 각 별자리의 특징과 탄생 배경을 소개할 수 있는가?

01 과제 수행 준비하기

▶▶ 과제를 수행하기 위해 필요한 자료들을 정리해 봅니다.

● 별자리를 소개하기 위해서는 우선 별자리가 무엇인지 알아야 합니다. 그리고 별자리에는 어떤 종류가 있는지 검색해 보고 이 중 소개하고 싶은 별자리를 선택하여 그 특징과 탄생 배경에 대해 설명해야 합니다.

구분	내용	
별자리의 의미		
소개할 별자리		
별자리 소개		

● 예시

구분	내용	
별자리의 의미	하늘의 별들을 이어 그 형태에 동물, 물건, 인물 등의 이름을 붙여 놓은 것들을 말한다. 별자리는 지역과 시대에 따라 이름과 모습이 달라지며 전통적으로 내려오는 별자리도 있다. 대표적인 별자리로는 물병자리, 물고기 자리, 양자리, 황소자리, 쌍둥이 자리, 게자리, 사자자리, 처녀자리, 천칭자리, 전갈자리, 사수자리, 염소자리가 있다.	
소개할 별자리	양자리, 황소자리, 물고기 자리	
별자리 소개	양자리	• 특징 : 황도 12궁의 첫 번째 별자리라는 상징성 때문에 매우 유명하지만, 실제로는 별 3개가 삼각형으로 모여 있는 작은 별자리다. • 탄생 배경 : 양자리에 얽힌 신화 중 가장 대표적인 이야기는 역시 보이오티아 왕 아타마스의 두 아이 프릭소스와 헬레 남매의 이야기다. 남매의 친어머니인 구름의 요정 네펠레는 계모의 속임수로 인해 닥친 기근으로 제물로 바쳐져 죽을 위기에 처한 자기 자식들의 모습을 보고 제우스에게 도움을 청했고, 제우스는 헤르메스를 통해 하늘을 달리는 황금양을 보내 아이들을 돕게 했다. 이 황금양이 후에 하늘에 올라가 양자리가 되었다고 한다. [출처 : 나무위키]
	황소자리	• 특징 : 별자리에서 가장 밝은 별로, 1등성 알데바란이 있어 찾기 어렵지 않다. • 탄생 배경 : 별자리의 모델에 관해 여러 설이 있지만 가장 많이 알려진 것은 역시 희대의 카사노바 제우스가 페니키아의 공주 에우로파를 유혹하기 위해 흰 황소로 변신해 생긴 별자리라고 한다. [출처 : 나무위키]
	물고기 자리	• 특징 : 성도상에서는 끈 하나가 물고기 2마리를 이은 모습으로 그린다. 크기 자체는 대형 성좌에 속하지만 밝은 별이 적고, 그나마 가장 밝은 것도 4등성이어서 발견하기가 어려운 별자리다. • 탄생 배경 : 그리스 신화에서는 아프로디테의 아들 에로스가 괴물 티폰에게 쫓기던 도중 변신한 모습으로 여겨지고 있다. 이때 함께 나일강에 뛰어들며 변신한 어머니 아프로디테와 서로를 놓치지 않으려고 끈으로 이어진 모습이라고 한다. [출처 : 나무위키]

 Tip 소개할 별자리에 대해 조사하지 못했다면, 예시의 내용을 활용하여 과제를 수행해 보세요.

02 프로그램 기능 익히기

◆ **예제 파일** | 07강 [기능 익히기 예제 파일] 폴더

▶▶ 과제를 수행하기 위해 필요한 프로그램의 기능을 알아봅니다.

01 외부 그림으로 슬라이드 배경 지정하기

❶ [PowerPoint 2016] 프로그램을 실행하고 슬라이드의 빈 공간에서 마우스 오른쪽 버튼을 클릭한 후 [배경 서식]을 클릭합니다.

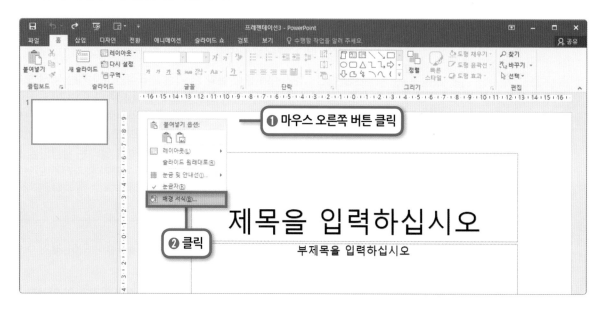

❷ 화면 오른쪽에 [배경 서식] 창이 나타나면 [채우기]-[그림 또는 질감 채우기]-[파일]을 클릭하여 [그림 삽입] 대화상자가 나타나면 다운로드 받은 그림 혹은 예제 파일을 선택하고 [삽입] 버튼을 클릭합니다.

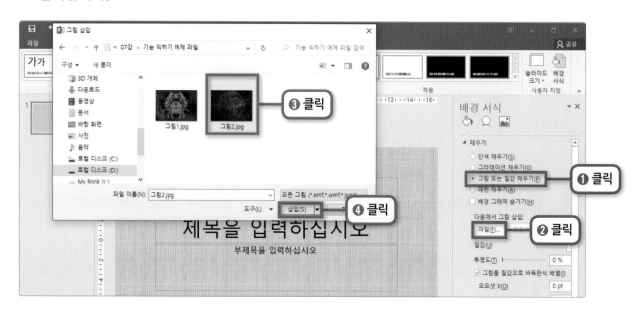

02 그림 삽입하고 그림 스타일 지정하기

❶ [삽입] 탭-[이미지] 그룹-[그림(📷)]을 클릭하여 [그림 삽입] 대화상자가 나타나면 그림을 선택한 후 [삽입] 버튼을 클릭합니다.

❷ 슬라이드에 그림이 삽입되면 그림의 크기와 위치를 조절하고 [그림 도구]-[서식] 탭-[그림 스타일] 그룹에서 원하는 그림 스타일을 선택한 후 그림의 회전 조절점을 드래그하여 회전시킵니다.

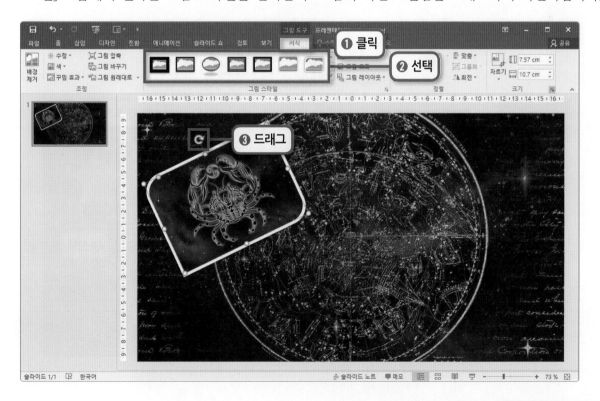

03 도형 삽입하고 도형 효과 지정하기

❶ [삽입] 탭-[일러스트레이션] 그룹-[도형(⬡)]을 클릭하고 원하는 도형을 선택한 후 마우스를 드래그하여 도형을 삽입합니다.

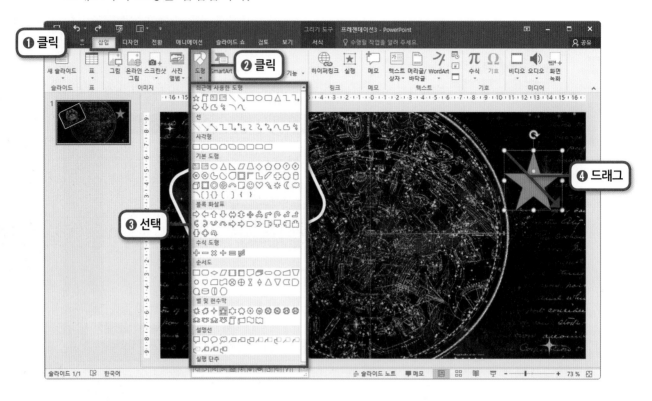

❷ 삽입한 도형을 선택한 후 [그리기 도구]-[서식] 탭-[도형 스타일] 그룹-[도형 채우기], [도형 윤곽선]을 클릭하여 도형 색상을 지정하고 [도형 효과]를 클릭하여 도형 효과를 지정합니다.

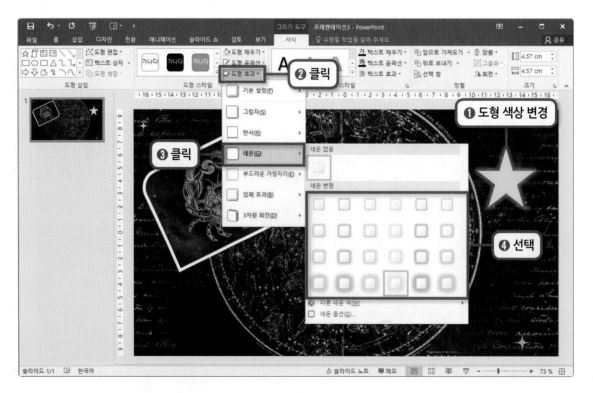

04 애니메이션 효과 지정하기

❶ 애니메이션 효과를 적용할 개체를 선택한 후 [애니메이션] 탭-[애니메이션] 그룹에서 원하는
   애니메이션 효과를 선택합니다.

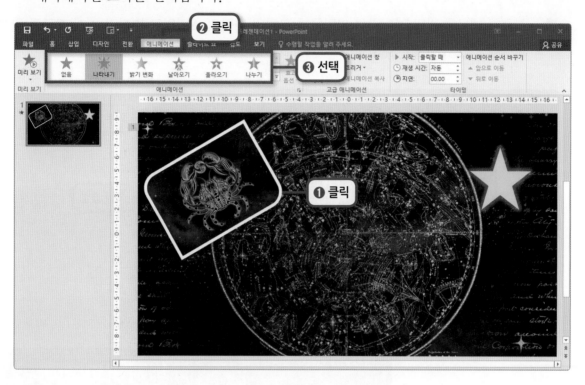

❷ [고급 애니메이션] 그룹-[애니메이션 창]을 클릭하여 화면 오른쪽에 [애니메이션 창]이 나타나면
   적용된 애니메이션 효과를 선택합니다.

❸ [타이밍] 그룹에서 옵션 값을 변경하고 [미리 보기(★)]를 클릭하여 애니메이션 효과가 적용된
   모습을 확인합니다.

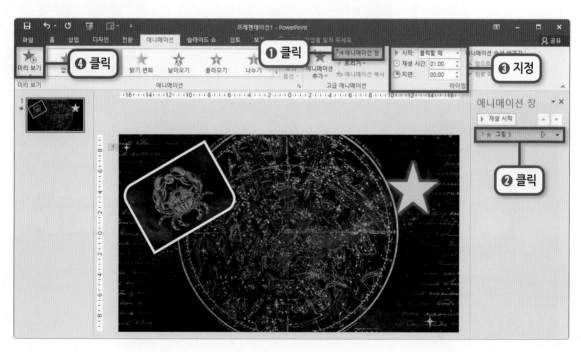

03 수행 과제 해결하기

▶▶ 학습한 내용을 바탕으로 완성 파일을 참고하여 나만의 스타일로 별자리 소개 자료를 완성해 봅니다.

외부 그림 배경 설정

그림 삽입

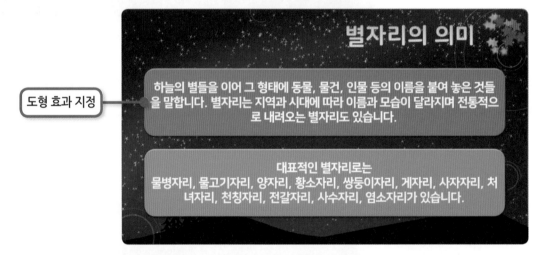

도형 효과 지정

그림 스타일 지정

양자리

황도 12궁의 첫 번째 별자리라는
상징성 때문에 매우 유명하지만,
실제로는 별 3개가 삼각형으로 모여 있는게
전부인 작은 별자리다.

양자리에 얽힌 신화 중 가장 대표적인 이야기는
역시 보이오티아 왕 아타마스의 두 아이 프릭소스와 헬
레 남매의 이야기이다. 남매의 친어머니인
구름의 요정 네펠레는 계모의 속임수로 인해
닥친 기근으로 제물로 바쳐져 죽음 위기에 처한
자기 자식들의 모습을 보고 제우스에게 도움을
청했고, 제우스는 헤르메스를 통해 하늘을 달리는
황금양을 보내 아이들을 돕게 했다. 이 황금양이
후에 하늘에 올라가 양자리가 되었다고 한다.
[출처 : 나무위키]

텍스트 상자 삽입

황소자리

별자리에서 가장 밝은 별로 1등성 알데바란이
있어서 찾기 어렵지 않다.

별자리의 모델에 관해 여러 설이 있지만 가장 많이 알려
진 것은 역시 희대의 카사노바 제우스가
페니키아의 공주 에우로파를 유혹하기 위해
흰 황소로 변신해 생긴 별자리라고 한다.

[출처 : 나무위키]

애니메이션 효과 지정

물고기 자리

성도상에서는 끈 하나가 물고기 2마리를 이은
모습으로 그린다. 크기 자체는 대형 성좌에
속하지만 밝은 별이 적고, 그나마 가장 밝은 것도 4등성
이어서 발견하기가 어려운 별자리다.

그리스 신화에서는 아프로디테의 아들 에로스가 괴물
티폰에게 쫓기던 도중 변신한 모습으로 여겨지고 있다.
이때 함께 나일강에 뛰어들며 변신한 어머니 아프로디
테와 서로를 놓치지 않으려고 끈으로 이어진 모습이라
한다.

[출처 : 나무위키]

08
Chapter

인물 탐구 보고서 만들기

학습내용 알아보기

- 스타일이 적용된 텍스트를 추가할 수 있습니다.
- 그룹화된 텍스트를 그룹 해제할 수 있습니다.
- 불필요한 텍스트 요소를 삭제할 수 있습니다.
- 텍스트 간격을 조정할 수 있습니다.

◆ **예제 파일** | 없음　◆ **완성 파일** | 인물 탐구 보고서 만들기_완성.pptx

수행 평가 기준

- 인터넷을 이용하여 인물에 대한 정보를 조사할 수 있는가?
- 인물의 생애와 업적에 대해 말할 수 있는가?
- 인물의 생각과 나의 생각을 비교하고 인물에게서 배울 점을 말할 수 있는가?

01 과제 수행 준비하기

▶▶ 과제를 수행하기 위해 필요한 자료들을 정리해 봅니다.

● 인물 탐구 보고서는 인물의 생애와 업적을 조사하고 조사한 내용을 바탕으로 인물에 대한 나의 생각과 인물의 삶 속에서 배울 점을 찾아 구체적으로 작성해야 합니다. 인물 탐구 보고서를 만들기 위한 내용을 조사하고 정리해 봅니다.

구분		내용
인물의 이름		
자료 출처		
인물의 생애와 업적	생애	
	업적	
느낀 점	인물의 삶 속에서 배울 점	
	다른 생각	

● 예시

구분		내용
인물의 이름		이순신 장군
자료 출처		위키백과, 나무위키, 네이버 어린이 백과
인물의 생애와 업적	생애	1545년 04월 28일~1598년 11월 19일
	업적	**1592년 7월 한산도 대첩** 한산도 앞바다에서 조선 수군이 일본 수군을 크게 무찌른 전투로, 진주대첩, 행주대첩과 함께 임진왜란 3대 대첩으로 불린다. 이 대첩으로 일본 수군의 주력을 거의 격파해 일본의 수륙병진계획을 좌절시키게 되었고 육지에서의 잇닷 패전으로 사기가 떨어진 조선군에게 용기를 심어주게 되었다. **1597년 9월 명량대첩** 명량에서 12척의 배로 133척의 일본 수군을 무찌른 전투로, 일본군이 한산섬을 지나 남해안 일대를 침범해 서해로 진출하려 하자, 이순신 장군의 지휘하에 조선 수군이 좁은 목과 조류를 이용하여 10배 이상의 일본 수군을 대파하였다. 이때 조선군의 배는 단 한 척도 공격 받아 침몰하지 않았다. 이로 인해 일본 수군의 서해 진출을 차단하고 정유재란의 대세를 조선군에게 유리하게 하였다. **1598년 11월 노량해전** 임진왜란의 마지막 해전으로, 노량 앞바다에서 왜군을 크게 무찌른 전투이다. 이 해전을 마지막으로 7년간 계속되었던 조선과 일본의 싸움이 끝나게 되었으며 이순신 장군 또한 적의 유탄을 맞아 전사하였다. 이순신 장군은 유탄에 맞은 후 "싸움이 급하다. 단 한 명의 조선 수군도 동요되어서는 아니 되기 때문에, 나의 죽음을 적에게 알리지 말라."라는 유언을 남긴 것으로 유명한 해전이다.
느낀 점	인물의 삶 속에서 배울 점	"살고자하면 죽을 것이요, 죽고자하면 살 것이다."라는 이순신 장군의 명언이 있다. 이 명언처럼 이순신 장군은 모든 전투에서 목숨을 걸고 싸웠다. 항상 자신이 먼저 앞장서 왜군과 용감히 싸웠으며, 다른 장수에게 책임을 미루는 경우가 없었다. 나도 이순신 장군처럼 해야 할 일이 있을 때 남에게 미루는 것이 아니라, 내가 먼저 모범을 보여야겠다.
	다른 생각	이순신 장군은 항상 모범을 보였다. 전투에서 본인이 먼저 나서 군사들의 사기를 올리는 건 좋다고 생각하지만 본인의 몸을 먼저 챙기는 것도 조선군을 이끄는 장수로서 필요한 덕목이라고 생각한다.

◆ 예제 파일 | 없음

▶▶ 과제를 수행하기 위해 필요한 프로그램의 기능을 알아봅니다.

01 스타일 텍스트 추가하기

❶ 크롬(◉) 브라우저를 실행하고 '미리캔버스(http://www.miricanvas.com/)' 사이트에 접속하여 로그인한 후 페이지 형식을 [프레젠테이션]으로 선택합니다.

❷ 왼쪽 메뉴 중 [배경]을 클릭하여 원하는 배경을 삽입합니다.

❸ 왼쪽 메뉴 중 [텍스트]-[스타일]을 클릭합니다. 이어서 다양한 스타일의 텍스트 중 원하는 스타일 텍스트를 선택합니다.

02 그룹화된 텍스트 그룹 해제하기

❶ 스타일 텍스트를 마우스 오른쪽 버튼으로 클릭한 후 [그룹해제]를 클릭합니다.

❷ 그룹이 해제되면 불필요한 요소를 선택한 후 Delete 키를 눌러 삭제합니다.

❸ 텍스트 상자의 내용을 변경하고 크기 조절점을 드래그하여 크기를 조절합니다.

❹ 왼쪽 메뉴 중 [요소]를 클릭하여 원하는 말풍선을 추가한 후 [텍스트]–[조합]을 클릭합니다.

❺ [본문 텍스트]를 클릭한 후 텍스트 상자에 내용을 입력하고 크기와 위치를 말풍선 안쪽으로 조절합니다.

❻ 텍스트를 선택하면 나타나는 [텍스트 서식] 창에서 텍스트 서식을 자유롭게 변경해 봅니다.

03 텍스트 간격 조정하기

❶ 간격을 조정할 텍스트 상자를 선택한 후 [텍스트 서식] 창에서 [글자 조정]을 클릭합니다.

❷ [글자 조정] 창이 펼쳐지면 텍스트의 자간, 행간, 장평 값을 지정해 봅니다.

 [접기(⌃)]를 클릭하면 [글자 조정] 창을 숨길 수 있습니다.

03 수행 과제 해결하기

▶▶ 학습한 내용을 바탕으로 완성 파일을 참고하여 나만의 스타일로 인물 탐구 보고서를 완성해
봅니다.

배경 삽입

스타일 텍스트 삽입

그룹 해제

요소 추가

스타일 텍스트 삽입

텍스트 간격 조정

요소 추가

09 Chapter

기행문 만들기

학습내용 알아보기

- 용지 방향과 여백을 설정할 수 있습니다.
- 배경에 그림을 채울 수 있습니다.
- 다각형으로 글자를 그리고 서식을 지정할 수 있습니다.
- 그림을 삽입할 수 있습니다.

◆ **예제 파일** | 09강 [수행 과제 예제 파일] 폴더　◆ **완성 파일** | 기행문 만들기_완성.hwp

수행 평가 기준

- 기행문을 작성하기에 적절한 장소를 여행지로 선정하였는가?
- 여행지에 대한 여정, 견문, 감상을 정리할 수 있는가?
- 정리한 여정, 견문, 감상 내용을 바탕으로 기행문을 짜임새 있게 작성할 수 있는가?

과제 수행 준비하기

▶▶ 과제를 수행하기 위해 필요한 자료들을 정리해 봅니다.

● 기행문은 여행을 하면서 겪었던 체험이나 견문, 감상 등을 중심으로 적은 문학의 일종으로, 여행지에 대한 여정, 견문, 감상이 잘 드러나 있어야 합니다. 기행문을 작성하기 전에 여정, 견문, 감상을 구분하여 정리하고 정리한 내용을 바탕으로 짜임새 있게 기행문을 작성해 봅니다.

구분		내용
기억에 남는 여행지		
정리	여정	
	견문	
	감상	
기행문 작성		

● **예시**

구분		내용
기억에 남는 여행지		친구와 함께한 가을 산굼부리
정리	**여정**	2020년 9월, 제주도 산굼부리 관람
	견문	산굼부리는 제주특별자치도 제주시 조천읍 교래리 해발 400m 고지에 발달한 기생화산의 분화로, 천연기념물 제263호로 지정되어 있다.
	감상	다양한 경사로를 친구들과 함께 걸으며 드넓게 펼쳐진 들판과 하늘이 아름다웠고, 특히 가을 억새풀이 바람에 흔들리는 모습이 무척이나 아름다웠다.
기행문 작성		2020년 9월, 나는 우리반 친구들 중 수영, 미영, 진호와 함께 제주도 여행을 떠나게 되었다. 제주도 여행 중 산굼부리를 걸었던 경험이 기억에 남는다. 산굼부리는 제주특별자치도 제주시 조천읍 교래리 해발 400m 고지에 발달한 기생화산의 분화구로, 천연기념물 제265호로 지정되어 있다. 다양한 경사로를 따라 산굼부리를 오르면서 가장 눈에 띄는 것은 억새풀이었다. 경사로를 따라 오르며 바람에 흔들리는 억새풀을 보고 있자니, 아름다워 눈물이 날 지경이었다. 억새풀을 감상하며 경사로를 따라 오르다 보니 드넓게 펼쳐진 들판과 하늘을 마주하게 되었다. 들판과 하늘을 보며 가슴이 뻥 뚫리는 시원함을 느꼈다. 그리고 자연의 경이로움에 대해 생각하게 되었다.

기억에 남는 여행지가 떠오르지 않는다면, 예시의 내용을 활용하여 과제를 수행해 보세요.

02 프로그램 기능 익히기

◆ 예제 파일 | 09강 [기능 익히기 예제 파일] 폴더

▶▶ 과제를 수행하기 위해 필요한 프로그램의 기능을 알아봅니다.

01 용지 방향과 여백 설정하기

❶ [한글 NEO] 프로그램을 실행한 후 [쪽] 탭–[편집 용지(📄)]를 클릭합니다.

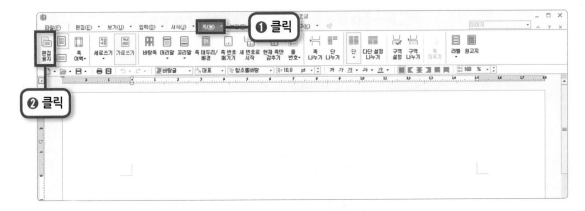

Tip F7 키를 눌러 [편집 용지] 대화상자를 불러올 수도 있습니다.

❷ [편집 용지] 대화상자가 나타나면 '용지 방향'과 '용지 여백'을 그림과 같이 지정한 후 [설정] 버튼을 클릭합니다.

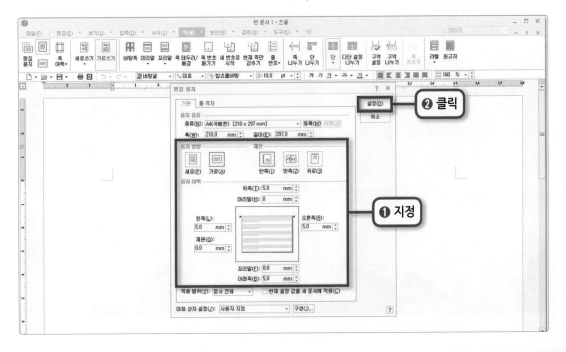

02 배경에 그림 채우기

❶ [쪽] 탭-[쪽 테두리/배경(▦)]을 클릭하여 [쪽 테두리/배경] 대화상자가 나타나면 [배경] 탭을
클릭한 후 [그림]에 체크하고 [그림 선택(▣)]을 클릭하여 다운로드 받은 그림 혹은 예제 파일을
삽입합니다.

❷ [채우기 유형]을 '크기에 맞추어'로 지정하고 [설정] 버튼을 클릭합니다.

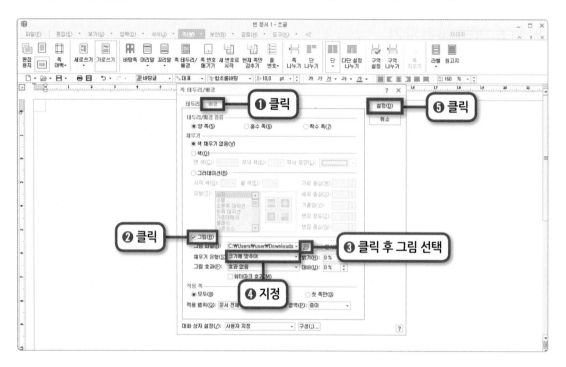

❸ 배경에 그림이 삽입된 모습을 확인합니다.

03 다각형으로 글자 그리고 서식 지정하기

❶ [입력] 탭의 '다각형' 도형을 선택한 후 문자 모양의 꼭지점 위치마다 마우스를 클릭하여 다각형 으로 문자를 그립니다.

❷ 같은 방법으로 다각형으로 그린 글자를 Shift 키를 누른 상태로 클릭하고 마우스 오른쪽 버튼을 클릭한 후 [개체 묶기]를 클릭합니다.

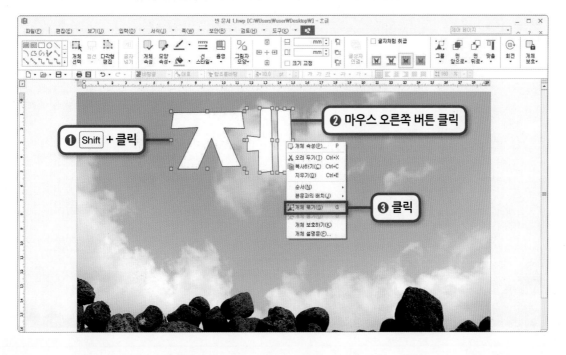

 Ctrl + G 키를 눌러도 개체를 묶을 수 있습니다.

❸ 개체 묶기 한 다각형 글자를 더블클릭하여 [개체 속성] 대화상자가 나타나면 [선] 탭과 [채우기]
탭에서 서식을 지정한 후 [설정] 버튼을 클릭합니다.

04 그림 삽입하기

[입력] 탭-[그림(📷)]을 클릭하여 [그림 넣기] 대화상자가 나타나면 그림을 선택한 후 [넣기] 버튼을
클릭하여 그림을 삽입합니다.

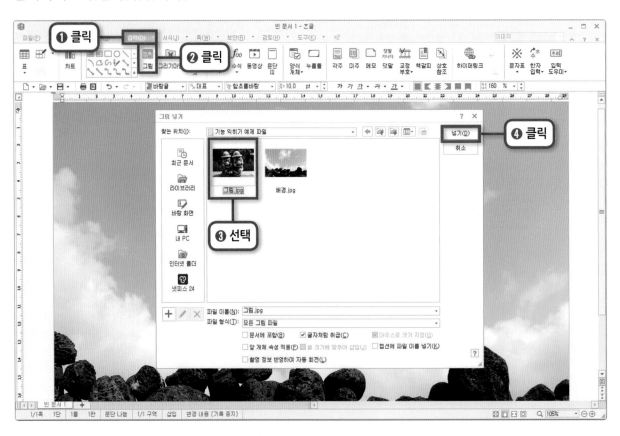

03 수행 과제 해결하기

▶▶ 학습한 내용을 바탕으로 완성 파일을 참고하여 나만의 스타일로 기행문을 완성해 봅니다.

용지 방향 및 여백 설정

산굼부리 기행문

미래초등학교 5학년 3반
이름 : 강수행

배경에 그림 채우기

다각형 도구

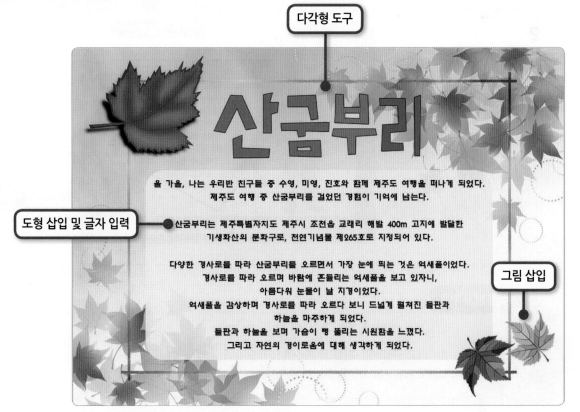

산굼부리

올 가을, 나는 우리반 친구들 중 수영, 미영, 진호와 함께 제주도 여행을 떠나게 되었다.
제주도 여행 중 산굼부리를 걸었던 경험이 기억에 남는다.

도형 삽입 및 글자 입력

산굼부리는 제주특별자치도 제주시 조천읍 교래리 해발 400m 고지에 발달한
기생화산의 분화구로, 천연기념물 제265호로 지정되어 있다.

다양한 경사로를 따라 산굼부리를 오르면서 가장 눈에 띄는 것은 억새풀이었다.
경사로를 따라 오르며 바람에 흔들리는 억새풀을 보고 있자니,
아름다워 눈물이 날 지경이었다.
억새풀을 감상하며 경사로를 따라 오르다 보니 드넓게 펼쳐진 들판과
하늘을 마주하게 되었다.
들판과 하늘을 보며 가슴이 뻥 뚫리는 시원함을 느꼈다.
그리고 자연의 경이로움에 대해 생각하게 되었다.

그림 삽입

10 Chapter

캐릭터로 자기 소개하기

학습내용 알아보기

- 템플릿 테마를 변경할 수 있습니다.
- 각 페이지에 장면 전환 애니메이션 효과를 적용할 수 있습니다.
- 적용된 장면 전환 애니메이션 효과를 슬라이드 쇼로 확인할 수 있습니다.

◆ 예제 파일 | 없음 ◆ 완성 파일 | 캐릭터로 자기 소개하기_완성.pptx

수행 평가 기준

- 선정한 캐릭터와 나의 특징을 비교할 수 있는가?
- 솔직하고 긍정적인 내용으로 자신을 소개할 수 있는가?
- 나만의 방법으로 자신을 소개할 수 있는가?

01 과제 수행 준비하기

▶▶ 과제를 수행하기 위해 필요한 자료들을 정리해 봅니다.

● 자기소개서란 자신을 타인에게 소개하기 위해 작성하는 문서로, 자신의 긍정적인 부분을 강조하여 간결하고 개성 있게 작성해야 합니다. 이번 시간에는 애니메이션 속 캐릭터와 나의 성격을 비교하여 나를 표현할 수 있는 자기소개서를 작성해 봅니다.

구분	내용
나의 이름과 나이	
선정한 캐릭터	
애니메이션 스토리	
캐릭터의 성격	
나의 장점	
나의 성격 중 고치고 싶은 점	
캐릭터에게 배우고 싶은 점	
장래희망	
장래희망 선정 이유	

● 예시

구분	내용
나의 이름과 나이	• 이름 : 김진수 • 나이 : 12세
선정한 캐릭터	명탐정 코난의 남도일(코난)
애니메이션 스토리	고교생이었던 남도일은 정체 모를 집단이 강제로 먹인 알약을 먹고 어린 아이가 되어 버린다. 남도일은 자신과 주변 사람들의 안전을 위해 '코난'이라는 이름을 사용하며 자신에게 알약을 먹인 검은 집단을 쫓으며 일어나는 여러 사건들을 특유의 추리력으로 해결해 나간다.
캐릭터의 성격	• 어떠한 문제가 생기면 문제를 해결하기 위해 집중력을 발휘한다. • 문제를 하나 하나 되짚어가며 증거를 찾고 분석한다. • 어려움에 빠진 시민들을 지나치지 않고 도와준다. • 다른 사람들의 의견과 다를 때도 자신의 생각을 용기 있게 이야기하고 설득한다.
나의 장점	• 어떠한 문제가 생겼을 때 쉽게 포기하지 않는다. • 관찰력이 뛰어나고 관찰한 내용을 잘 정리한다. • 친구가 어려움에 처하면 잘 도와준다.
나의 성격 중 고치고 싶은 점	나의 생각과 다른 사람들의 생각이 다를 때, 나의 생각을 이야기하지 못하고 다른 사람들의 생각에 수긍한다.
캐릭터에게 배우고 싶은 점	자신의 생각을 용기 있게 말하고 설득할 수 있는 능력을 배우고 싶다.
장래희망	경찰관
장래희망 선정 이유	나는 코난처럼 관찰하는 것을 좋아하고 문제가 생겼을 때 쉽게 포기하지 않는다. 그리고 어려운 친구들을 도와주는 것을 좋아한다. 그래서 어려움에 빠진 시민의 문제를 능숙하게 해결해주는 경찰관이 되고 싶다.

자기소개서를 작성할 때 주의사항

❶ 글을 지나치게 꾸미지 않고 간결하게 작성한다.

❷ 부정적인 면보다 긍정적인 면을 강조하여 작성한다.

❸ 남들과 차별화되는 형식으로 작성하여 본인의 특징이 잘 드러나도록 한다.

02 프로그램 기능 익히기

◆ 예제 파일 | 없음

▶▶ 과제를 수행하기 위해 필요한 프로그램의 기능을 알아봅니다.

01 템플릿 테마 변경하기

❶ 크롬(◉) 브라우저를 실행하고 '미리캔버스(https://www.miricanvas.com/)' 사이트에 접속하여 로그인한 후 페이지 형식을 [프레젠테이션]으로 선택합니다. 이어서 왼쪽 메뉴 중 [템플릿]을 클릭한 후 원하는 템플릿을 선택합니다.

❷ 왼쪽 메뉴 중 [테마]를 클릭한 후 원하는 테마 색상을 선택합니다.

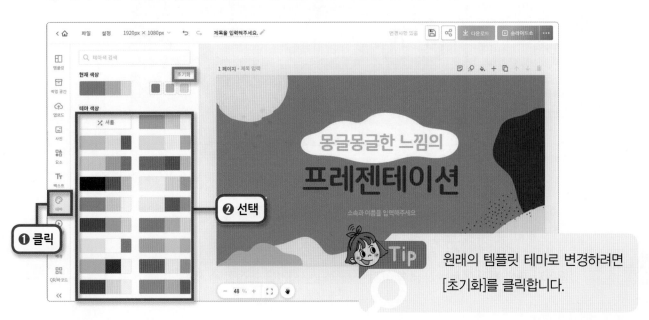

Tip 원래의 템플릿 테마로 변경하려면 [초기화]를 클릭합니다.

02 애니메이션 효과 적용하기

❶ [새 페이지 추가(+)]를 클릭하여 새로운 페이지를 추가한 후 왼쪽 메뉴에서 [템플릿]을 클릭하여 원하는 페이지 스타일을 선택합니다.

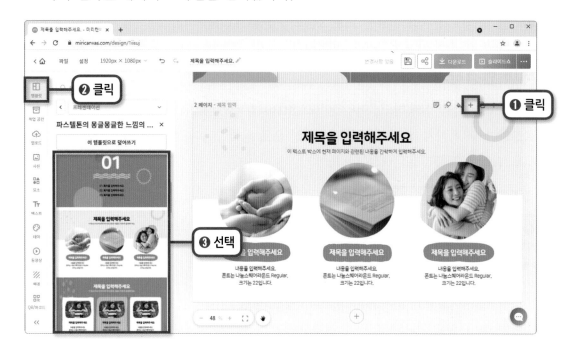

❷ 첫 번째 페이지를 다시 클릭하고 [애니메이션 효과(🔍)]를 클릭합니다.

❸ 화면 왼쪽에 [전환 애니메이션] 창이 나타나면 원하는 전환 애니메이션 효과를 선택한 후 [모든 페이지에 적용]에 체크합니다.

 [페이지 재생 시간]에서는 해당 페이지가 재생되는 시간을 조절할 수 있습니다.

03 슬라이드 쇼 시작하기

❶ 앞서 배운 방법과 같이 페이지를 추가하고 전환 애니메이션을 선택한 후 오른쪽 상단의 [슬라이드 쇼]를 클릭하여 적용된 전환 애니메이션 효과를 확인합니다.

❷ 슬라이드 쇼 하단 메뉴를 이용하여 페이지 재생 설정을 변경해 봅니다.

① **자동재생** : 화면 전환 시간을 기준으로 페이지가 자동 전환됩니다.

② **반복재생** : 페이지 전체를 반복하여 재생합니다.

③ 전체 페이지와 현재 재생되고 있는 페이지의 번호를 알려줍니다.

④ **설정** : 슬라이드 쇼 설정(페이드 효과, 전환 방향, 전환 스타일, 화면전환 시간)을 변경할 수 있습니다.

미리캔버스에서 전환 애니메이션 효과를 적용하고 프레젠테이션 파일로 다운로드한 후 파워포인트 프로그램에서 작품을 실행하면 적용된 전환 애니메이션 효과는 사라집니다.

03 수행 과제 해결하기

▶▶ 학습한 내용을 바탕으로 완성 파일을 참고하여 나만의 스타일로 자기소개서를 완성해 봅니다.

템플릿 테마 변경

관찰력이 뛰어난 코난이 바로 나야!

이름 : 김진수
나이 : 12세
취미 : 추리
장점 : 끈기
단점 : 소심

범인은 바로
이 안에 있어!

나를 캐릭터로 소개하기

텍스트 삽입

애니메이션 스토리

평범했던 고교생
남도일!!
'코난'이 되다!

고교생이었던 남도일은 정체 모를 집단이 강제로 먹인 알약을 먹고 어린 아이가 되어 버린다. 자신과 주변 사람들의 안전을 위해 '코난'이라는 이름을 사용하며 자신에게 알약을 먹인 검은 집단을 쫓으며 일어나는 여러 사건들을 특유의 추리력으로 해결하며 일어나는 이야기이다.

요소 추가

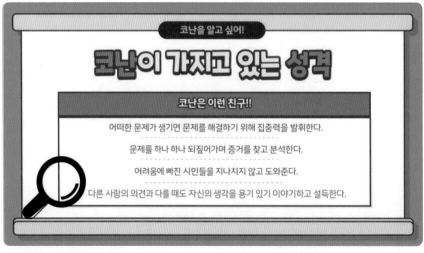

코난을 알고 싶어!

코난이 가지고 있는 성격

코난은 이런 친구!!

어떠한 문제가 생기면 문제를 해결하기 위해 집중력을 발휘한다.

문제를 하나 하나 되짚어가며 증거를 찾고 분석한다.

어려움에 빠진 시민들을 지나치지 않고 도와준다.

다른 사람의 의견과 다를 때도 자신의 생각을 용기 있게 이야기하고 설득한다.

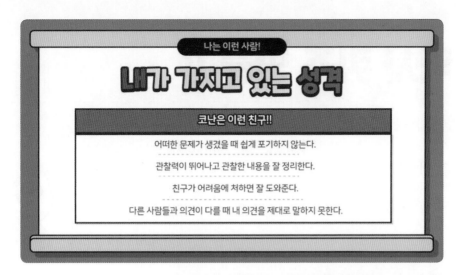

Tip 페이지가 모두 완성되면 앞서 배운 내용을 참고하여 전환 애니메이션 효과를 적용한 후 슬라이드 쇼를 실행해 봅니다.

11
Chapter

역사 퀴즈 만들기

학습내용 알아보기

- 슬라이드를 복제할 수 있습니다.
- 애니메이션 시작 옵션을 설정할 수 있습니다.
- 온라인 그림을 삽입할 수 있습니다.

◆ **예제 파일** | 11강 [수행 과제 예제 파일] 폴더   ◆ **완성 파일** | 역사 퀴즈 만들기_완성.hwp

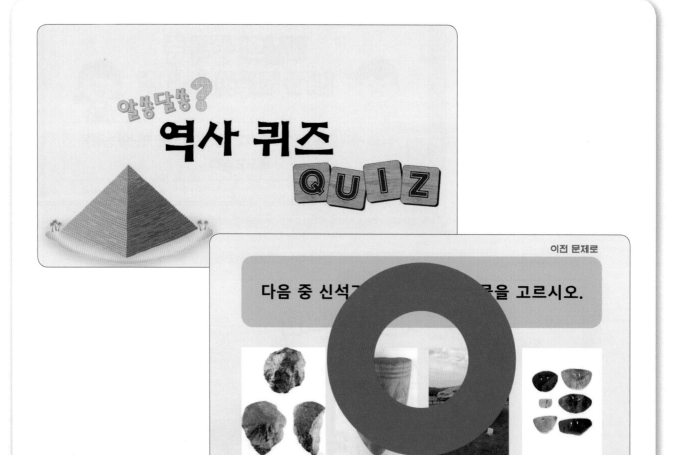

수행 평가 기준

- 역사의 시대별 특징과 그 시대의 대표 유물들을 조사할 수 있는가?
- 조사한 내용을 바탕으로 퀴즈를 출제할 수 있는가?
- 출제한 퀴즈를 서로 풀어볼 수 있는가?

▶▶ 과제를 수행하기 위해 필요한 자료들을 정리해 봅니다.

- 역사 퀴즈를 만들기 위해서는 해당 시대의 모습과 특징에 대해 조사하고 조사한 내용을 바탕으로 분별력 있는 문항을 만들어야 합니다. 또한 OX, 사지선다, 이미지 등을 활용하여 다양한 형식으로 문항을 만들어야 합니다.

구분	내용	
선정한 시기		
시기별 특징 정리하기		
퀴즈 출제하기		

● **예시**

구분		내용
선정한 시기		선사시대
시기별 특징 정리하기	구석기 시대	• 처음으로 불을 사용하였다. • 나뭇잎이나 동물의 가죽을 사용하여 옷을 만들었다. • 주거 형태는 동굴이었다. • 돌을 떼서 만든 뗀석기를 사용하였다. • 대표 유물 : 주먹도끼, 새기개, 찍개 등
	신석기 시대	• 농사를 짓기 시작하였다. • 가축을 기르기 시작하였다. • 식물의 껍질에서 실을 뽑고 뼈로 장신구를 만들었다. • 주거 형태는 움집이었다. • 같은 핏줄인 씨족이 모여 마을을 이루었다. • 돌을 갈아서 만든 간석기를 사용하였다. • 대표 유물 : 빗살무늬 토기, 가락바퀴, 패총(조개더미)
	청동기 시대	• 벼농사를 짓기 시작하였다. • 재산의 개념이 생겼다. • 빈부 격차가 발생하였다. • 부족의 우두머리인 족장이 생겼다. • 우리나라 최초의 국가인 고조선이 세워졌다. • 대표 유물 : 반달 돌칼, 민무늬 토기, 고인돌 등
퀴즈 출제하기	문항1	**청동기 시대의 특징이 아닌 것을 고르시오.** ① 우리나라 최초 국가인 고조선이 세워졌다. ② 부족의 우두머리인 족장이 생겼다. ❸ 주로 돌을 떼서 만든 뗀석기를 사용하였다. ④ 벼농사가 시작되었다.
	문항2	**다음 중 신석기 시대의 대표 유물을 고르시오.** ① 주먹도끼　❷ 빗살무늬 토기　③ 고인돌　④ 반달 돌칼

Tip 문항으로 만들 내용을 조사하지 못했다면, 예시의 내용을 활용하여 과제를 수행해 보세요.

02 프로그램 기능 익히기

◆ **예제 파일** | 11강 [기능 익히기 예제 파일] 폴더

▶▶ 과제를 수행하기 위해 필요한 프로그램의 기능을 알아봅니다.

01 슬라이드 복제하기

❶ [PowerPoint 2016] 프로그램을 실행한 후 '역사 퀴즈 만들기_예제.pptx' 파일을 불러옵니다.

❷ 슬라이드 목록의 슬라이드를 선택한 후 마우스 오른쪽 버튼을 클릭하고 [슬라이드 복제]를 클릭합니다.

❸ 같은 방법으로 슬라이드를 복제하여 슬라이드를 4장으로 만듭니다.

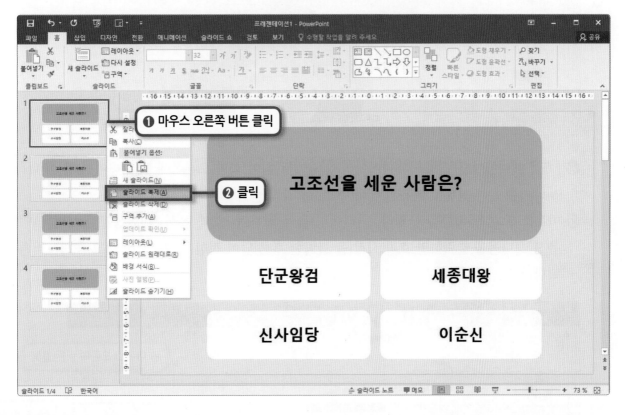

 [Ctrl] + [D] 키를 눌러 슬라이드를 복제할 수도 있습니다.

애니메이션 시작 옵션 설정하기

❶ '도넛' 도형을 삽입하고 크기와 서식을 지정한 후 [애니메이션] 탭–[애니메이션] 그룹에서 [나타내기] 효과 중 원하는 애니메이션을 선택합니다.

❷ [고급 애니메이션] 그룹–[애니메이션 추가(★)]를 클릭하여 [끝내기] 효과 중 원하는 애니메이션을 선택합니다.

❸ [타이밍] 그룹에서 [끝내기] 효과의 [시작]을 '이전 효과와 함께'로, [지연]을 '02:00'로 지정합니다.

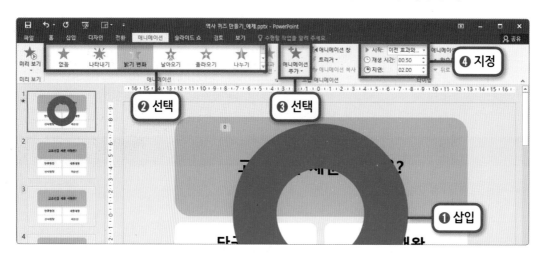

❹ [고급 애니메이션] 그룹–[애니메이션 창]을 클릭하여 화면 오른쪽에 [애니메이션 창]이 나타나면 Shift 키를 누른 상태로 적용된 애니메이션을 각각 클릭합니다.

❺ 마우스 오른쪽 버튼을 클릭하고 [타이밍]을 클릭하여 [효과 옵션] 대화상자가 나타나면 [시작옵션]–[다음을 클릭하면 효과 시작]을 클릭한 후 정답이 적힌 도형을 선택하고 [확인] 버튼을 클릭합니다.

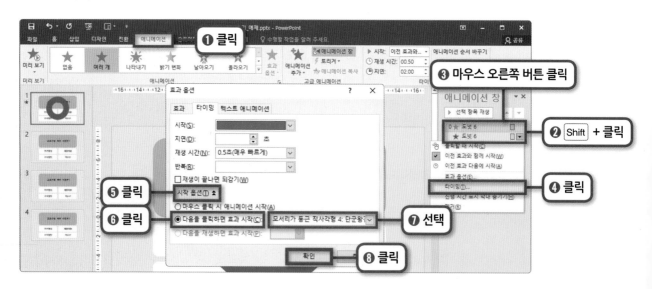

❻ 같은 방법으로 '곱셈 기호' 도형을 삽입한 후 오답이 적힌 도형을 클릭하면 나타났다가 사라지도록 만들어 봅니다.

03 온라인 그림 삽입하기

❶ [삽입] 탭–[이미지] 그룹–[온라인 그림(🖼)]을 클릭하여 [그림 삽입] 대화상자가 나타나면 검색 창에 검색어를 입력한 후 Enter 키를 누릅니다.

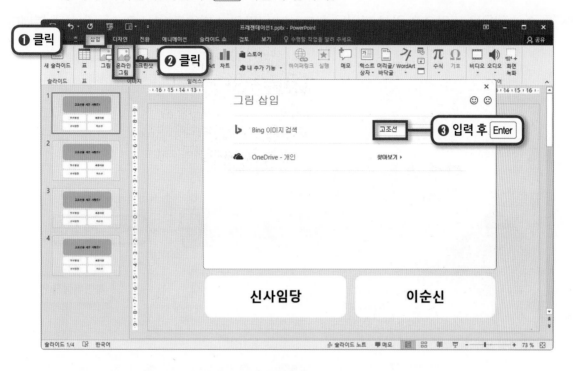

❷ 검색 결과가 나타나면 원하는 그림을 선택한 후 [삽입] 버튼을 클릭하여 슬라이드에 삽입합니다.

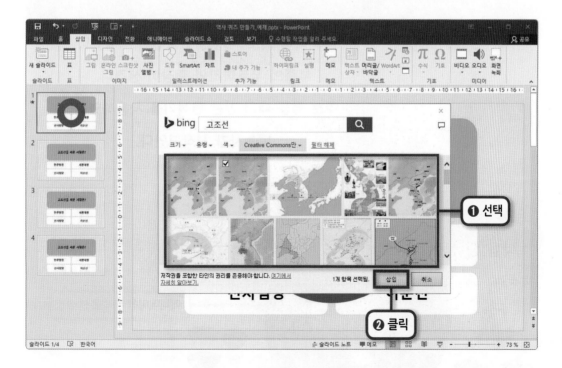

03 수행 과제 해결하기

▶▶ 학습한 내용을 바탕으로 완성 파일을 참고하여 나만의 스타일로 역사 퀴즈를 완성해 봅니다.

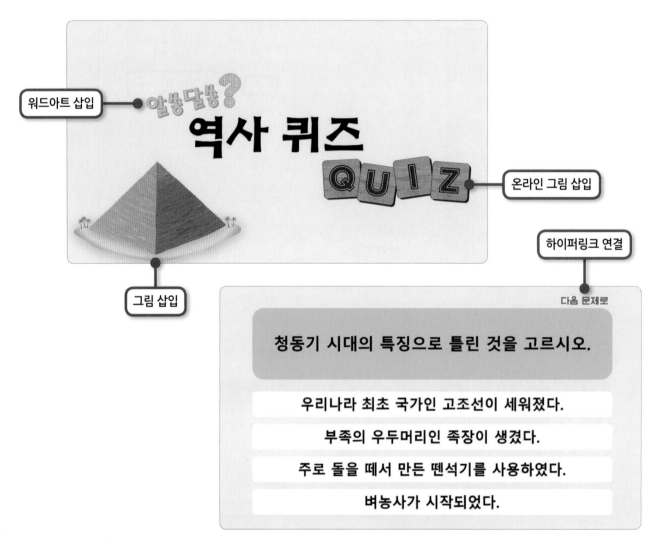

워드아트 삽입

온라인 그림 삽입

하이퍼링크 연결

그림 삽입

다음 문제로

청동기 시대의 특징으로 틀린 것을 고르시오.

우리나라 최초 국가인 고조선이 세워졌다.

부족의 우두머리인 족장이 생겼다.

주로 돌을 떼서 만든 뗀석기를 사용하였다.

벼농사가 시작되었다.

이전 문제로

다음 중 신석기~~~~~~국을 고르시오.

애니메이션 시작 옵션 설정

온라인 그림 삽입

12 Chapter

작품의 뒷이야기 만들기

학습내용 알아보기

- 페이지의 크기를 지정할 수 있습니다.
- 도형을 삽입하여 프레임을 만들 수 있습니다.
- 외부 그림을 삽입할 수 있습니다.

◆ **예제 파일** | 12강 [수행 과제 예제 파일] 폴더 　 ◆ **완성 파일** | 작품의 뒷이야기 만들기_완성.png

수행 평가 기준

- 이야기의 전체적인 흐름을 알고 중심 사건을 기준으로 요약할 수 있는가?
- 이야기의 흐름에 따라 이어질 내용을 상상할 수 있는가?
- 이어진 내용의 흐름이 자연스러운가?

▶▶ 과제를 수행하기 위해 필요한 자료들을 정리해 봅니다.

● 작품의 이어질 내용을 상상하여 네 컷의 만화로 표현하는 과제입니다. 과제를 해결하기 위해서는 이야기의 전체적인 흐름을 파악하고 이를 중심 사건을 기준으로 요약할 줄 알아야 하며, 전체적인 흐름과 어울리도록 이어질 내용을 상상하고 표현할 수 있어야 합니다.

구분	내용	
선정한 작품		
작품의 내용		
이어질 내용		
만화 구성		

● 예시

구분	내용
선정한 작품	현진건의 '운수 좋은 날'
작품의 내용	인력거꾼인 김첨지는 하루 벌어 하루 사는 생활을 하고 있는데, 그의 아내는 급히 밥을 먹다 체하여 한 달 동안 앓아 누워 있는 상태였다. 아내에게 약을 사줄 돈이 없었던 김첨지는 미안한 마음에 되려 아내에게 화풀이를 하곤 했다. 어느 날 일을 하러 나가던 김첨지에게 아내는 자신이 아프니 일을 나가지 말라고 부탁하지만 김첨지는 아내의 부탁을 거절하고 일을 하러 나간다. 그날따라 손님이 많아 김첨지는 오늘은 운수가 좋은 날이라며 기뻐하지만, 가슴 한 켠에는 아내에 대한 불안감 때문에 일을 끝내고도 곧장 집으로 들어가지 못하고 친구를 만나 불안감을 떨치려고 한다. 친구와 헤어지고 아내에게 줄 설렁탕을 사서 집으로 돌아온 김첨지는 아내가 죽어 있는 것을 발견한다. 김첨지는 죽은 아내를 안고 '왜 설렁탕을 사왔는데 먹지를 못하니, 어쩐지 오늘은 운수가 좋더니만'이라고 말하며 울부짖는다.
이어질 내용	아내의 죽음을 알고 울부짖던 김첨지는 꿈에서 깨어난다. 알고 보니 일하다 잠깐 잠들었던 김첨지의 꿈이었고, 이에 정신을 차린 김첨지는 안도감을 느끼고 일을 마친 후 설렁탕을 사들고 바로 집으로 달려간다. 아내가 김첨지가 사온 설렁탕을 맛있게 먹는 모습으로 이야기는 끝이 난다.
만화 구성	**죽어 있는 아내와 울부짖는 김첨지** 김첨지 : 설렁탕을 사왔는데, 왜 먹지를 못하누! **일을 마치자마자 설렁탕을 사들고 뛰어가는 김첨지** 김첨지 : 후회하지 말고 있을 때 잘해야지! 조금만 기다리쇼! **깜짝 놀라 잠에서 깬 김첨지** 김첨지 : 아이고, 깜짝이야! 꿈이었네! 십년감수했구먼. **아내가 설렁탕을 먹은 후, 김첨지 부부 대화** 김첨지 : 어때? 먹으니 좀 나아지는가? 아내 : 이제 좀 살 것 같아요. 고마워요.

Tip 이어질 내용을 표현할 작품을 선정하지 못했다면, 예시의 내용을 활용하여 과제를 수행해 보세요.

02 프로그램 기능 익히기

◆ **예제 파일** | 12강 [기능 익히기 예제 파일] 폴더

▶▶ 과제를 수행하기 위해 필요한 프로그램의 기능을 알아봅니다.

01 페이지 크기 지정하기

❶ 크롬(ⓒ) 브라우저를 실행하고 '미리캔버스(https://www.miricanvas.com/)' 사이트에 접속하여 로그인한 후 페이지 형식을 클릭하고 [직접 입력]을 클릭합니다.

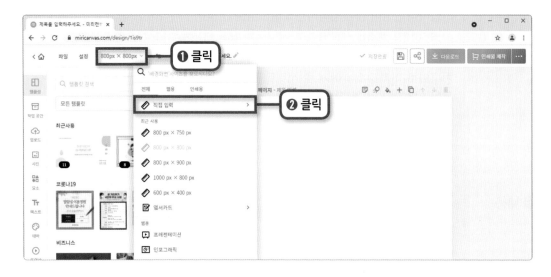

❷ 페이지의 사이즈를 입력할 수 있는 창이 활성화되면 페이지의 사이즈를 입력한 후 [적용하기]를 클릭합니다.

 Tip

입력 가능한 사이즈는 32px부터 8000px까지입니다.

도형 삽입하여 프레임 만들기

❶ 만화의 프레임을 만들기 위해 왼쪽 메뉴 중 [요소]를 클릭한 후 [도형]을 클릭합니다. 이어서 [테두리/외곽선] 카테고리의 '더보기'를 클릭하여 프레임으로 사용할 도형의 디자인을 선택합니다.

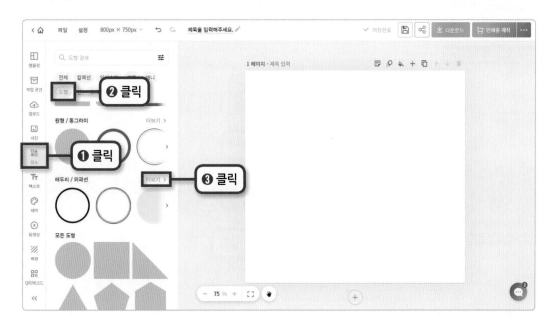

❷ 도형이 삽입되면 만화로 표현할 컷의 개수와 페이지의 크기를 고려하여 도형의 크기와 위치를 조절합니다.

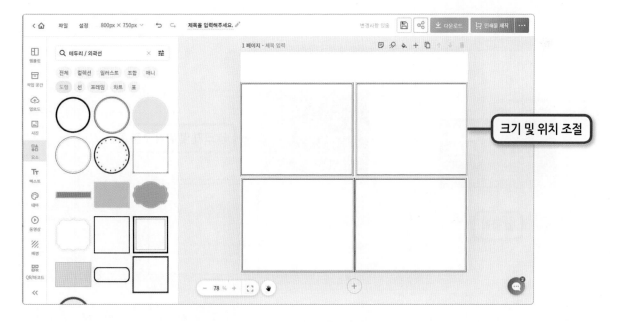

03 외부 그림 삽입하기

❶ 왼쪽 메뉴 중 [업로드]를 클릭한 후 [내 파일 업로드]를 클릭합니다.

❷ [열기] 대화상자가 나타나면 다운로드 받은 그림 혹은 예제 파일을 선택하고 [열기] 버튼을 클릭합니다.

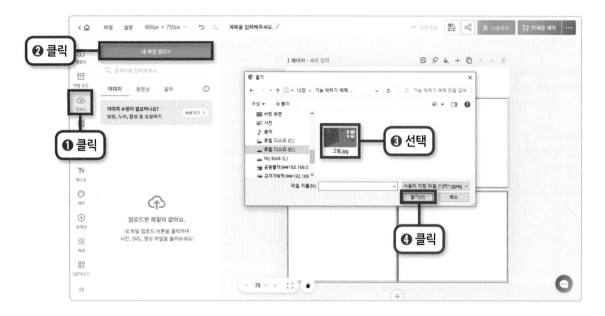

❸ 그림이 추가되면 페이지에 추가할 그림을 클릭하여 페이지에 삽입한 후 크기와 위치를 조절합니다.

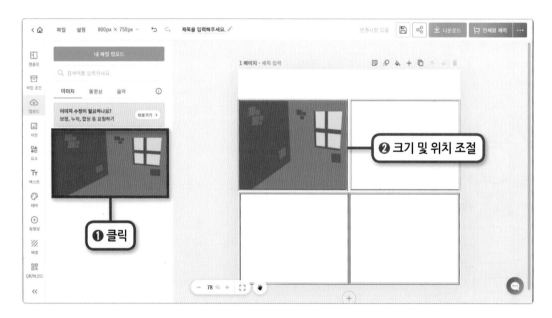

03 수행 과제 해결하기

▶▶ 학습한 내용을 바탕으로 완성 파일을 참고하여 나만의 스타일로 작품의 뒷이야기를 완성해 봅니다.

페이지 사이즈 변경

외곽선 도형 삽입

외부 그림 삽입

곰믹스 프로

13

Chapter

학교 폭력 예방 공익 광고 만들기

학습내용 알아보기

- 곰믹스 프로 프로그램을 설치할 수 있습니다.
- 이미지와 배경 음악을 추가하여 미디어 소스를 구성할 수 있습니다.
- 이미지의 재생 지속 시간을 조절할 수 있습니다.
- 영상 전환 기능을 이용하여 이미지를 자연스럽게 연결할 수 있습니다.
- 자막을 추가할 수 있습니다.

◈ **예제 파일** | 13강 [수행 과제 예제 파일] 폴더　◈ **완성 파일** | 학교 폭력 예방 공익 광고 만들기_완성.mp4

 **수행 평가 기준**

- 학교 폭력과 관련하여 발생하는 문제 상황에 대해 말할 수 있는가?
- 문제 상황을 해결할 수 있는 방법에 대해 말할 수 있는가?
- 학교 폭력을 예방하기 위한 영상을 적절하게 제작하였는가?

▶▶ 과제를 수행하기 위해 필요한 자료들을 정리해 봅니다.

● 동영상 수행평가 시 동영상의 길이가 최대 2분이 넘지 않도록 완성하고, 과제의 주제에 맞게 정보를 수집하고 편집해야 합니다. 학교 폭력과 관련된 정보를 검색하여 기획서를 작성해 봅니다.

구분	내용		
주제			
주제와 관련하여 발생하는 문제 상황			
문제 해결 방법			
동영상 제작에 활용할 방법	활용 방법	사용 여부	내용
	인물을 전면에 내세우기		
	인상적인 이미지 제시하기		
	웃음이나 감동 유발하기		
	물건을 의인화하여 흥미 높이기		
	인상적인 문구나 언어 요소 사용하기		
	시사적인 내용 활용하기		
	유명한 소설이나 드라마 패러디하기		
	광고하는 대상에 대한 정보 직접 제시하기		
	과장, 언어, 역설, 대조 등의 이미지나 문구 사용하기		
시나리오 구성			

● 예시

구분	내용		
주제	학교 폭력 없는 세상 만들기		
주제와 관련하여 발생하는 문제 상황	• 학교 폭력을 목격하고도 모르는 척 하는 것 • 학교 폭력으로 자살하는 학생이 많아짐 • 학교 폭력을 신고하면 보복이 무서워 신고하지 않음 • 학교 폭력으로 학교 생활이 어려워짐 • 장난으로 학교 폭력이 시작됨		
문제 해결 방법	• 학교 폭력으로 고통받는 학생 도와주기 • 학교 폭력을 목격하면 바로 신고하기 • 장난으로도 학교 폭력을 휘두르지 않기		
동영상 제작에 활용할 방법	활용 방법	사용 여부	내용
	인물을 전면에 내세우기		
	인상적인 이미지 제시하기	○	같은 상황 다른 입장
	웃음이나 감동 유발하기		
	물건을 의인화하여 흥미 높이기		
	인상적인 문구나 언어 요소 사용하기	○	장난이 멈춰야 학교 폭력을 멈출 수 있습니다.
	시사적인 내용 활용하기		
	유명한 소설이나 드라마 패러디하기		
	광고하는 대상에 대한 정보 직접 제시하기		
	과장, 언어, 역설, 대조 등의 이미지나 문구 사용하기	○	학교 폭력, 우리가 멈추어야 합니다!
시나리오 구성	• 이미지① : 학교 폭력, 우리가 멈추어야 합니다! 　➡ 자막으로 추가하고 색으로 강조하기 • 이미지② : 너는 장난이지만 그 장난으로 나는 고통스럽다. 　➡ 웃으면서 장난치는 이미지 컷과 괴로워하는 이미지 컷 대조 배치하기 • 이미지③ : 장난으로 무서운 결과를 가져올 수 있습니다. 　➡ 무서운 결과를 상징적으로 보여주는 이미지 컷에 자막 추가하기 • 이미지④ : 장난이 멈춰야 학교 폭력을 멈출 수 있습니다. 　➡ 학교 폭력의 여러 가지 유형을 이미지로 나타내고 '멈춤'의 단어나 상징적 이미지 사용하기		

Tip　학교 폭력 예방 공익 광고를 기획하지 못했다면, 예시의 내용을 활용하여 과제를 수행해 보세요.

02 프로그램 기능 익히기

◆ 예제 파일 | 13강 [기능 익히기 예제 파일] 폴더

▶▶ 과제를 수행하기 위해 필요한 프로그램의 기능을 알아봅니다.

01 곰믹스 프로 프로그램 다운로드하기

❶ 'GOMLab(https://www.gomlab.com/gommix-mobile-video-editing/)' 사이트에 접속합니다.

❷ [다운로드]를 클릭합니다.

❸ 곰믹스 프로의 윈도우 버튼을 클릭합니다.

❹ 무료버전의 [다운로드]를 클릭합니다.

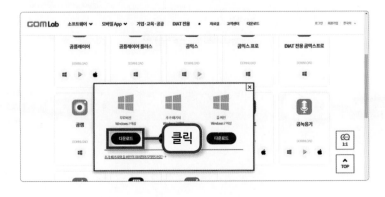

02 곰믹스 프로 프로그램 설치하기

❶ 다운로드 받은 프로그램을 더블클릭하여 [이 앱이 디바이스를 변경할 수 있도록 허용하시겠어요?] 창이 나타나면 [예]를 클릭합니다.

❷ 프로그램 설치를 시작하면 프로그램이 로딩됩니다.

❸ [Installer Language] 창이 나타나면 '한국어'를 선택하고 [OK]를 클릭합니다.

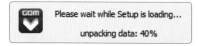 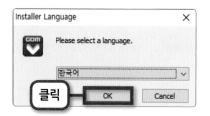

❹ [다음]을 클릭한 후 [동의함]을 클릭합니다.

 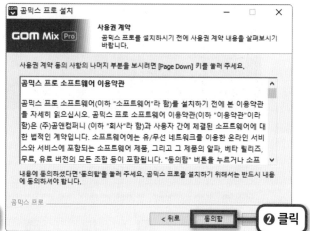

❺ [다음]을 클릭한 후 [설치]를 클릭합니다.

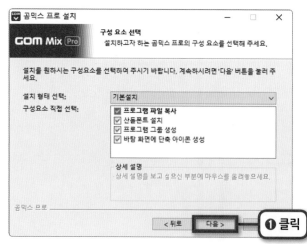 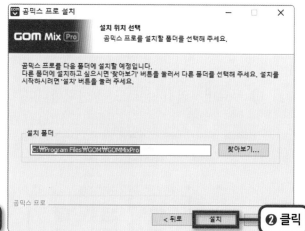

⑥ 프로그램 설치가 완료되면 [마침]을 클릭합니다.

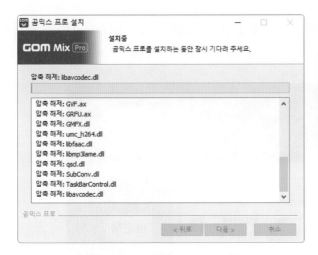 

03 곰믹스 프로 화면 구성 확인하기

① [곰믹스 프로(📱)] 아이콘을 더블클릭하여 프로그램을 실행합니다.
② 프로그램 화면 구성을 확인합니다.

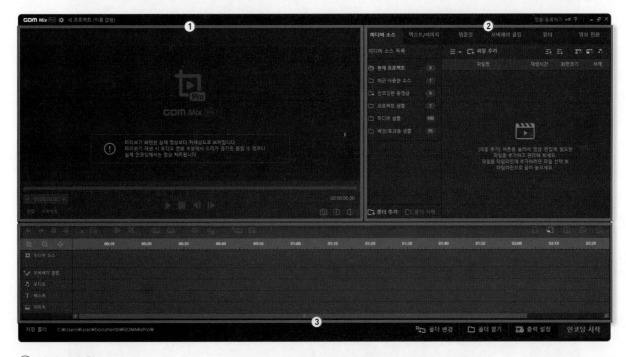

① 미리보기 창
② 화면 편집 도구 메뉴
③ 타임라인

 Tip   타임라인은 동영상을 편집하는 창으로 동영상을 시간별로 확인할 수 있습니다.

미디어 소스 추가하고 트랙에 배치하기

➊ 화면 편집 도구 메뉴의 [파일 추가]를 클릭한 후 예제 파일을 선택하고 [열기] 버튼을 클릭하여 미디어 소스를 추가합니다.

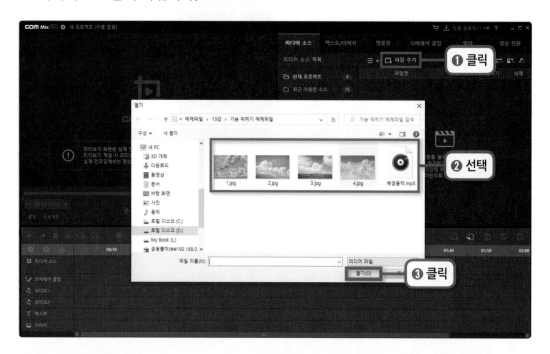

➋ 이미지 파일을 [미디어 소스] 트랙으로 드래그하여 적절하게 배치합니다.
➌ 오디오 파일을 [오디오1] 트랙으로 드래그하여 배치합니다.

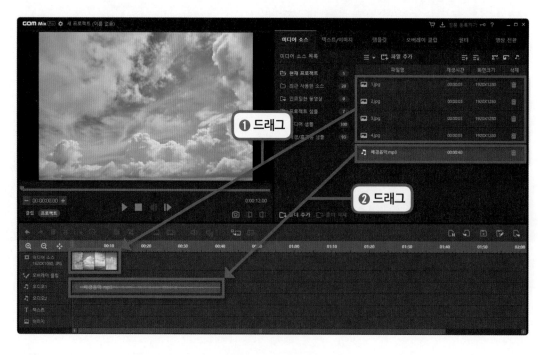

 Tip   Ctrl + 마우스 휠을 이용하여 타임라인을 확대하거나 축소할 수 있습니다.

05 이미지 재생 지속 시간 조절하기

❶ 트랙에 추가된 이미지를 선택한 후 마우스 오른쪽 버튼을 클릭하여 [지속 시간 변경(이미지 타입)]을 클릭합니다. [지속 시간 변경] 대화상자가 나타나면 시간을 변경한 후 [확인]을 클릭합니다.

❷ 같은 방법으로 트랙에 추가한 각각의 이미지 재생 지속 시간을 변경해 봅니다.

06 영상 전환 효과 적용하기

❶ 트랙에 추가된 이미지에서 영상 전환 효과를 넣고 싶은 부분의 다음 이미지를 선택한 후 [영상 전환] 탭을 클릭합니다. 이어서 영상 전환 목록 중 원하는 전환 효과를 선택하고 [적용]을 클릭합니다.

❷ 각각의 이미지 사이에 영상 전환 효과를 추가하여 자연스럽게 이미지를 연결해 봅니다.

07 자막 추가하기

❶ [텍스트/이미지] 탭을 클릭한 후 [텍스트 추가]를 클릭합니다.

❷ 추가하고자 하는 자막의 내용을 입력한 후 텍스트 속성을 변경합니다.

❸ [미리보기] 창에서 자막을 드래그하여 위치를 조절한 후 [적용]을 클릭합니다.

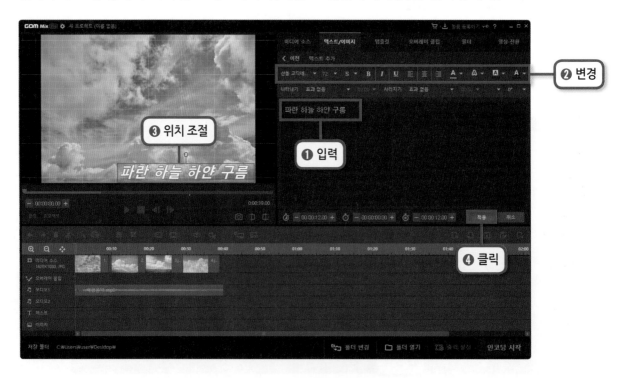

❹ 생성된 자막이 [텍스트] 트랙에 추가되면 적절한 위치에 배치하고 마우스로 드래그하여 자막 재생 지속 시간을 조절합니다.

08 프로젝트 저장하기

[타임라인] 오른쪽 상단의 [내보내기(📄)]를 클릭하여 [내보내기] 대화상자가 나타나면 파일 이름을 지정하고 파일 형식을 .grp로 지정한 후 [저장] 버튼을 클릭합니다.

 Tip   영상을 인코딩하기 전에 프로젝트 파일로 저장하면 추후 영상 수정이 편리합니다.

09 영상 인코딩하기

❶ [인코딩 시작]을 클릭하여 [인코딩] 대화상자가 나타나면 저장 경로를 지정하고 파일 이름을 입력한 후 [인코딩 시작]을 클릭합니다.

❷ 인코딩된 영상을 확인해 봅니다.

▶▶ 학습한 내용을 바탕으로 완성 파일을 참고하여 나만의 스타일로 학교 폭력 예방 공익 광고를 완성해 봅니다.

자막 추가

이미지 추가

오디오 파일을 삽입하여 재생 시간을 조절해 보고, 다양한 영상 전환 효과도 적용해 봅니다.

14
Chapter

인물과 채팅 앱으로 대화하기

학습내용 알아보기

- 슬라이드 크기를 변경하고 도형으로 스마트폰 모양을 만들 수 있습니다.
- 개체를 그룹화할 수 있습니다.
- 애니메이션을 적용하고 소리 효과를 삽입할 수 있습니다.
- 애니메이션을 복사할 수 있습니다.
- 이미지 자르기 기능을 이용할 수 있습니다.

◆ **예제 파일** | 14강 [수행 과제 예제 파일] 폴더 ◆ **완성 파일** | 인물과 채팅 앱으로 대화하기_완성.pptx

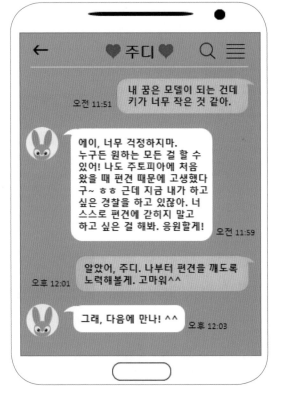

수행 평가 기준

- 감명 깊게 감상한 영화를 선정할 수 있는가?
- 영화 속 인물에게 질문이나 고민을 말할 수 있는가?
- 인물의 답변을 영화의 내용과 연관지어 예상할 수 있는가?

01 과제 수행 준비하기

▶▶ 과제를 수행하기 위해 필요한 자료들을 정리해 봅니다.

● 감명 깊게 감상한 영화 속 인물의 답변을 예상하여 대화를 만들어 보는 과제입니다. 감명 깊게 감상했던 영화의 주인공이나 주요 인물들을 선정하여 인물에게 자신의 고민이나 궁금했던 점을 질문하고, 영화의 내용을 바탕으로 인물의 답변을 예상할 수 있어야 합니다.

구분	내용
선정한 영화	
대화를 나누고 싶은 인물	
대화를 나누고 싶은 이유	
인물의 답변 예상하며 대화 작성하기	

● **예시**

구분	내용
선정한 영화	주토피아
대화를 나누고 싶은 인물	주인공 '주디'
대화를 나누고 싶은 이유	어릴 때부터 모델이 되는 게 꿈인데, 요즘 키가 잘 크지 않아 고민이다. 주토피아 속 주디는 약한 초식동물 토끼라는 편견으로 인해 경찰이 되는 데 어려움을 많이 겪었는데, 이러한 어려움을 극복하고 결국 멋진 경찰이 되었다. 이런 주디라면, 나의 고민에 대해 진심어린 조언을 해줄 것 같다.
인물의 답변 예상하며 대화 작성하기	나 : 안녕, 주디? 지금 뭐해? 주디 : 주토피아 순찰 중 ㅎㅎ 나 : 닉이랑은 잘 지내? 주디 : 그럼~ 지금도 옆에서 같이 순찰 중이야. 나 : 그렇구나. 사실 고민이 있어서.. 주디 : 어떤 고민? 나 : 내 꿈은 모델이 되는 건데 키가 너무 작은 것 같아. 주디 : 에이, 너무 걱정하지마. 누구든 원하는 모든 걸 할 수 있어! 나도 주토피아에 처음 왔을 때 편견 때문에 고생했다구~ ㅎㅎ 근데 지금 내가 하고 싶은 경찰을 하고 있잖아. 너 스스로 편견에 갇히지 말고 하고 싶은 걸 해봐. 응원할게! 나 : 알았어, 주디. 나부터 편견을 깨도록 노력해볼게. 고마워^^ 주디 : 그래, 다음에 만나! ^^

Tip　대화를 나누고 싶은 인물을 선정하지 못했다면, 예시의 내용을 활용하여 과제를 수행해 보세요.

02 프로그램 기능 익히기

◆ 예제 파일 | 14강 [기능 익히기 예제 파일] 폴더

▶▶ 과제를 수행하기 위해 필요한 프로그램의 기능을 알아봅니다.

01 슬라이드 크기 변경하고 도형으로 스마트폰 모양 만들기

❶ [PowerPoint 2016] 프로그램을 실행한 후 슬라이드 레이아웃을 [빈 화면]으로 지정합니다. 이어서 [디자인] 탭-[사용자 지정] 그룹-[슬라이드 크기(□)]-[사용자 지정 슬라이드 크기] 클릭하여 [슬라이드 크기] 대화상자가 나타나면 슬라이드 크기를 'A4 용지'로, 슬라이드 방향을 '세로'로 지정한 후 [확인] 버튼을 클릭합니다.

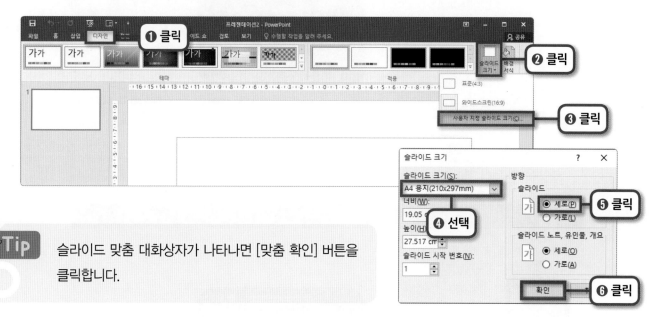

> **Tip** 슬라이드 맞춤 대화상자가 나타나면 [맞춤 확인] 버튼을 클릭합니다.

❷ 도형으로 스마트폰 모양을 만들기 위해 [삽입] 탭-[일러스트레이션] 그룹-[도형(◇)]-[모서리가 둥근 직사각형] 도형을 삽입하고 슬라이드 크기에 크기를 맞춥니다.

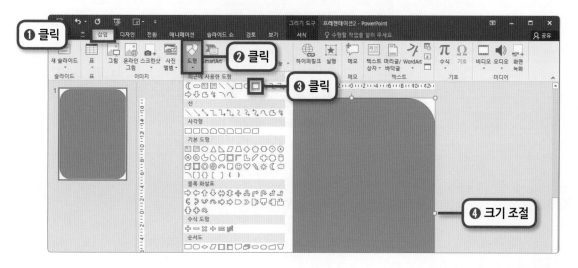

❸ 노란색 모양 조절점을 드래그하여 모서리 둥글림 정도를 조절한 후 도형의 채우기 서식과 윤곽선 서식을 지정합니다.

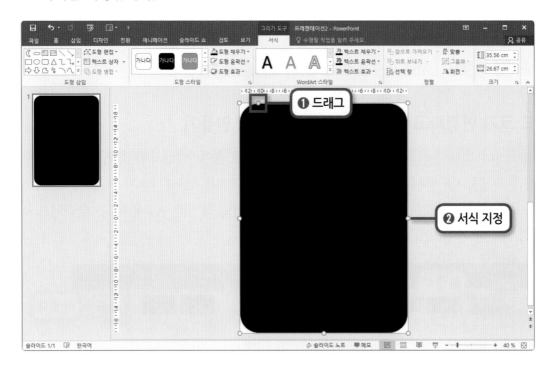

❹ 같은 방법으로 도형을 삽입하고 채우기 서식, 윤곽선 서식을 지정하여 그림과 같이 스마트폰 모양을 만들어 봅니다.

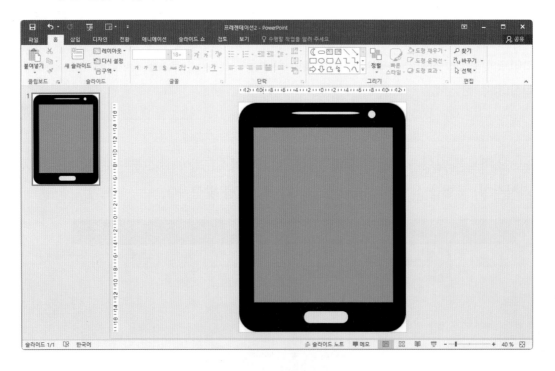

 '직사각형', '순서도: 수행의 시작/종료', '타원' 도형을 이용해 봅니다.

02 개체 그룹화하기

❶ '모서리가 둥근 직사각형' 도형과 '달' 도형을 이용하여 채팅창 말풍선을 만들고 채우기 서식과
윤곽선 서식을 지정합니다.

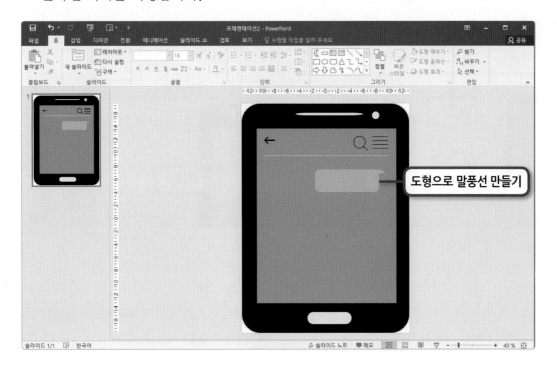

❷ Shift 키를 누른 상태로 도형을 각각 클릭한 후 마우스 오른쪽 버튼을 클릭하고 [그룹화]-[그룹]을
클릭합니다.

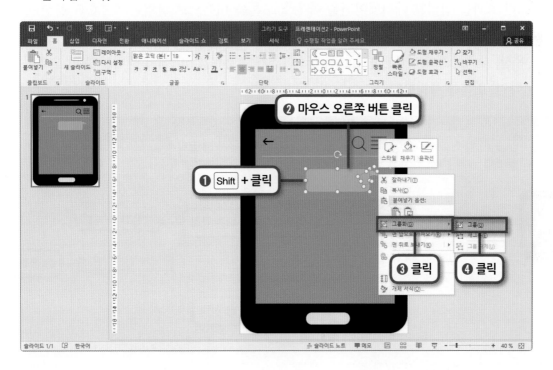

애니메이션 적용하고 소리 효과 삽입하기

❶ 애니메이션을 적용할 개체를 선택하고 [애니메이션] 탭-[애니메이션] 그룹에서 원하는 애니메이션을 선택한 후 [타이밍] 그룹에서 속성을 지정합니다.

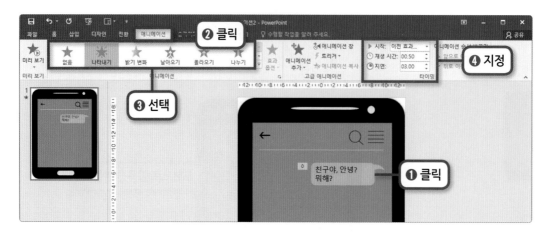

- [타이밍] 그룹-[시작]에서 '클릭할 때'를 선택하면 마우스를 클릭하면 애니메이션을 실행하고, '이전 효과 다음에 시작'을 선택하면 이전 애니메이션이 실행된 후 자동으로 애니메이션이 실행됩니다.
- [지연]의 지정 시간을 달리 하여 대화를 주고 받는 간격을 조절할 수 있습니다.

❷ [고급 애니메이션] 그룹-[애니메이션 창]을 클릭하여 화면 오른쪽에 [애니메이션 창]이 나타나면 소리 효과를 삽입할 애니메이션을 마우스 오른쪽 버튼으로 클릭한 후 [효과 옵션]을 클릭합니다.

❸ [효과 옵션] 대화상자가 나타나면 [효과] 탭의 [추가 적용]-[소리]에서 원하는 소리 효과를 선택한 후 [확인] 버튼을 클릭합니다.

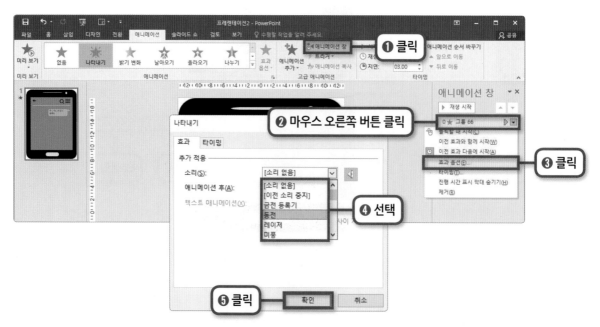

04 애니메이션 복사하기

❶ 애니메이션을 복사하여 사용하기 위해 애니메이션이 적용된 개체를 선택한 후 [애니메이션]
탭-[고급 애니메이션] 그룹-[애니메이션 복사]를 클릭합니다.

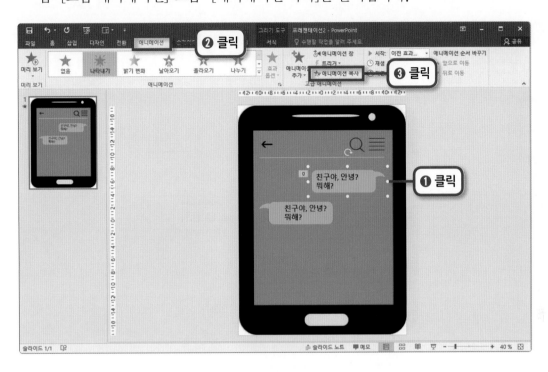

❷ 마우스 포인터의 모양이 바뀌면 애니메이션을 지정할 개체를 클릭합니다.

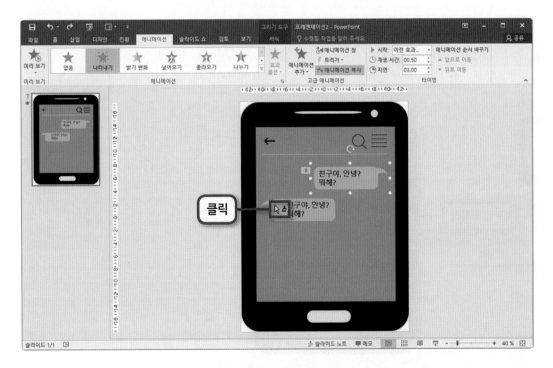

05 이미지 자르기 기능 이용하기

❶ [삽입] 탭-[이미지] 그룹-[그림(📷)]을 클릭하여 그림을 삽입합니다.

❷ 그림을 선택한 후 [그림 도구]-[서식] 탭-[크기] 그룹-[자르기(📐)]를 클릭합니다.

❸ 그림을 자를 수 있는 상태가 되면 조절점을 안쪽으로 드래그하여 필요한 부분을 영역 지정한 후 다시 [자르기(📐)]를 클릭합니다.

▶▶ 학습한 내용을 바탕으로 완성 파일을 참고하여 나만의 스타일로 영화 속 인물과의 대화 내용을 완성해 봅니다.

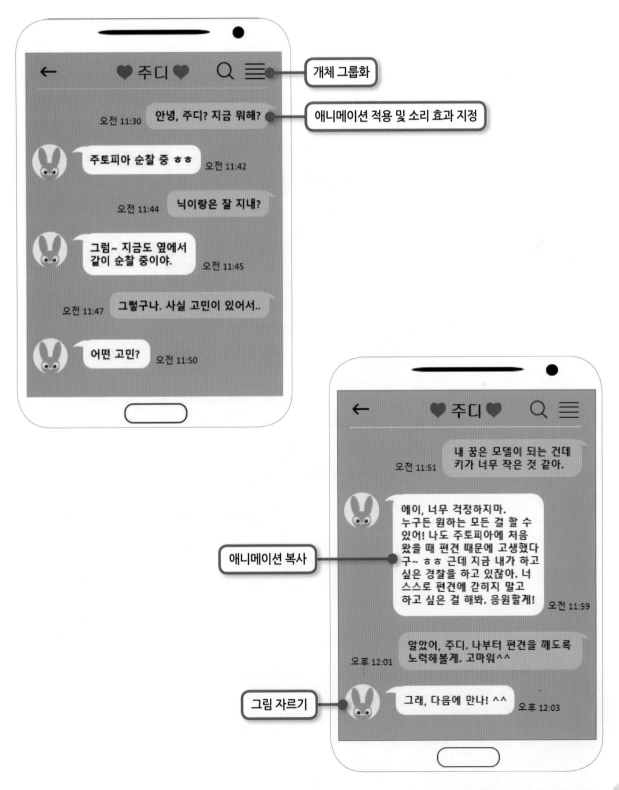

15 Chapter

학급 신문 만들기

학습내용 알아보기

- 페이지의 다단을 설정할 수 있습니다.
- 페이지의 단을 나눌 수 있습니다.
- 차트를 삽입할 수 있습니다.
- 차트 마법사로 차트를 꾸밀 수 있습니다.

◆ **예제 파일** | 15강 [수행 과제 예제 파일] 폴더　◆ **완성 파일** | 학급 신문 만들기_완성.hwp

수행 평가 기준

- 학급에서 일어나는 소식을 알고 취재할 수 있는가?
- 다양한 내용으로 학급 신문을 구성할 수 있는가?
- 정보 전달뿐만 아니라 재미 요소를 포함할 수 있는가?

01 과제 수행 준비하기

▶▶ 과제를 수행하기 위해 필요한 자료들을 정리해 봅니다.

● 학급 신문을 만들 때는 학급 친구들에게 전달하고 싶은 내용을 구분하여 각각에 해당하는 주제를 만들고 내용을 작성해야 합니다. 또한 정보 제공뿐만 아니라 우리반 설문조사 결과나 쉬어가는 게임 코너 등을 마련하여 친구들이 재미있게 신문을 읽을 수 있도록 해야 합니다.

학급 신문 구성	내용

 어떠한 주제들이 학급 신문에 포함되면 좋을지 생각하여 학급 신문을 구성해 보세요.

● 예시

학급 신문 구성	내용
우리반 소식	6월 10일, 진우가 유기견을 입양하였습니다. 진우는 평소 부모님과 함께 봉사활동을 다니던 유기견 보호센터에서 1살 된 믹스견을 반려견으로 맞이했다고 하는데요. 봉사활동을 마치고 집으로 돌아갈 때마다 강아지의 슬픈 눈이 계속 아른거려 강아지를 입양하기 위해 부모님을 설득했다고 합니다. 진우는 반려견으로 맞이한 강아지에게 '시아'라는 이름을 붙여주고 평생 가족이 되어주겠다고 다짐했다고 합니다. 힘든 결정이었지만 반려견의 평생 가족이 되어준 진우가 멋있습니다.

우리반 최애 음식

얼마 전, 수학 시간에 우리반 최애 음식에 대해 설문을 진행한 적이 있다. 떡볶이, 피자, 햄버거, 치킨이 후보로 올랐으며 설문 결과는 다음과 같다.

구분	떡볶이	피자	햄버거	치킨
남자	5명	15명	6명	4명
여자	12명	2명	7명	9명

이벤트 안내

환경오염 포스터 공모전	• 마감 : 8월 15일 금요일 • 발표 : 9월 1일 수요일
가을 체육대회	• 일시 : 10월 8일 금요일 • 장소 : 미래초등학교

쉬어가는 코너 | 두뇌를 깨우는 9×9 스도쿠 게임

생일을 축하해요

• 7월 15일 우연희
• 7월 17일 강승우
• 7월 19일 이주현
• 7월 24일 최윤

Tip 학습 신문을 만들기 위한 자료를 준비하지 못했다면, 예시의 내용을 활용하여 과제를 수행해 보세요.

02 프로그램 기능 익히기

◆ 예제 파일 | 없음

▶▶ 과제를 수행하기 위해 필요한 프로그램의 기능을 알아봅니다.

01 페이지 다단 설정하기

❶ [한글 NEO] 프로그램을 실행한 후 내용을 입력합니다. 이어서 입력한 내용 뒤로 마우스 커서를 위치시킵니다.

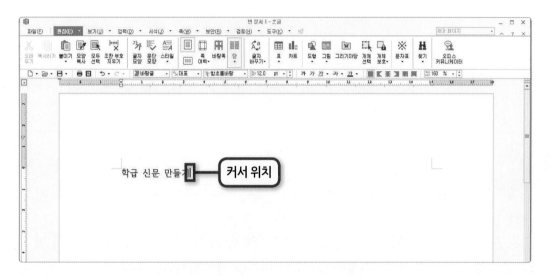

❷ [쪽] 탭-[다단 설정 나누기(▤)]를 클릭하여 마우스 커서가 입력한 내용의 아랫줄로 이동하는 것을 확인합니다.

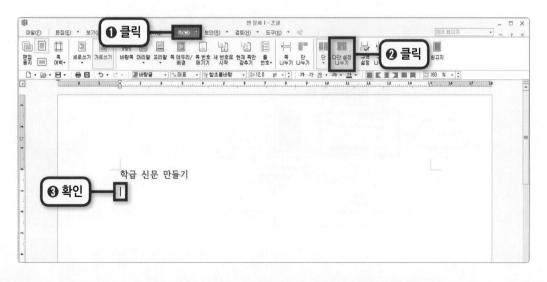

Tip 다단 설정 나누기는 한 페이지 내에 여러 개의 단 모양을 만들고자 할 때 사용하는 기능입니다.

02 페이지 단 나누기

❶ [쪽] 탭-[단(▤)]을 클릭합니다.

❷ [단 설정] 대화상자가 나타나면 [자주 쓰이는 모양]에서 '둘'을 선택하고 [구분선 넣기]에 체크한 후 구분선의 종류와 굵기, 색을 지정하고 [설정] 버튼을 클릭합니다.

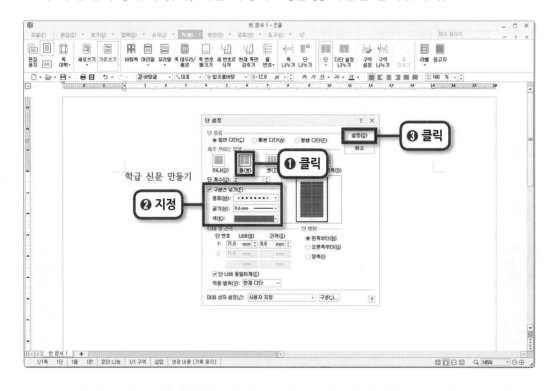

❸ 단이 2개로 나누어지며 페이지 가운데 구분선이 나타나는 것을 확인합니다.

03 차트 삽입하기

❶ [입력] 탭-[차트(📊)]를 클릭하여 페이지에 차트가 삽입되는 것을 확인합니다.

❷ 차트의 크기 조절점을 드래그하여 크기를 조절한 후 차트를 더블클릭합니다. 이어서 마우스
오른쪽 버튼을 클릭하고 [차트 데이터 편집]을 클릭합니다.

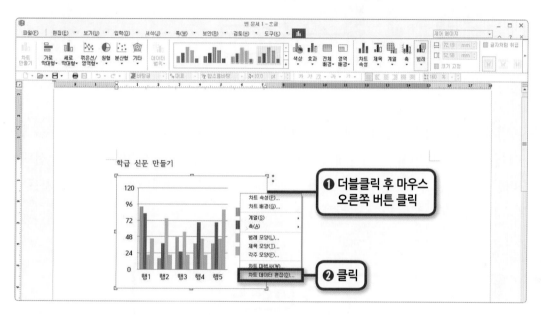

❸ [차트 데이터 편집] 대화상자가 나타나면 차트의 항목과 데이터를 입력한 후 [확인] 버튼을 클릭
합니다.

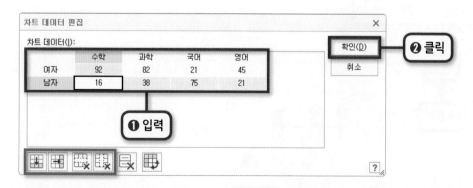

행, 열 추가 및 행, 열 삭제를 클릭하여 원하는 개수의 행, 열 데이터를 만들 수 있습니다.

04 차트 마법사로 차트 꾸미기

❶ 다시 차트를 더블클릭하고 마우스 오른쪽 버튼을 클릭한 후 [차트 마법사]를 클릭합니다.

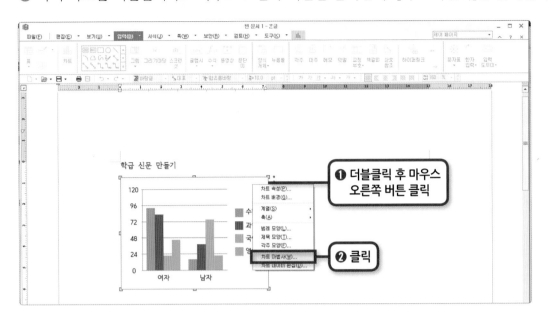

❷ [차트 마법사 – 3단계 중 1단계] 대화상자에서 차트의 종류를 선택한 후 [다음] 버튼을 클릭합니다. 이어서 [차트 마법사 – 3단계 중 2단계] 대화상자에서 '행'과 '열'의 방향을 선택한 후 [다음] 버튼을 클릭합니다. 마지막으로 [차트 마법사 – 마지막 단계] 대화상자에서 '차트 제목', 'X(항목) 축', 'Y(항목) 축'을 각각 입력합니다.

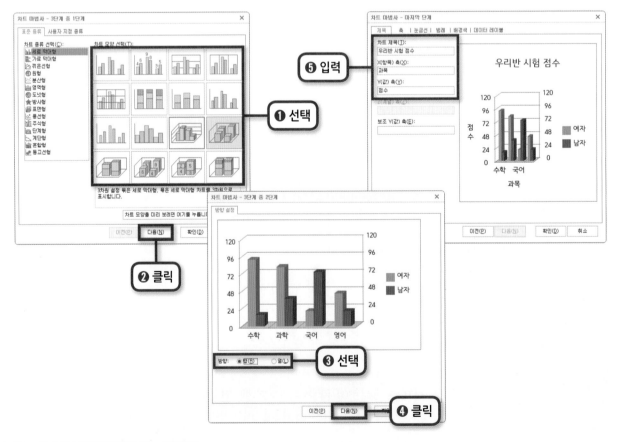

❸ [축], [눈금선], [범례], [배경색], [데이터 레이블] 탭을 각각 클릭하여 속성을 변경한 후 [확인] 버튼을 클릭합니다.

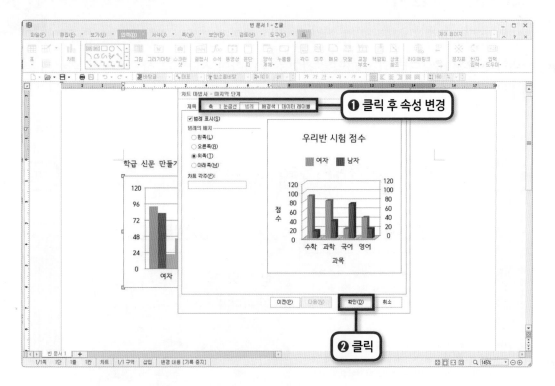

❹ 차트를 선택한 후 [📊] 탭에서 차트 스타일의 자세히를 클릭하여 원하는 차트 스타일을 선택 합니다.

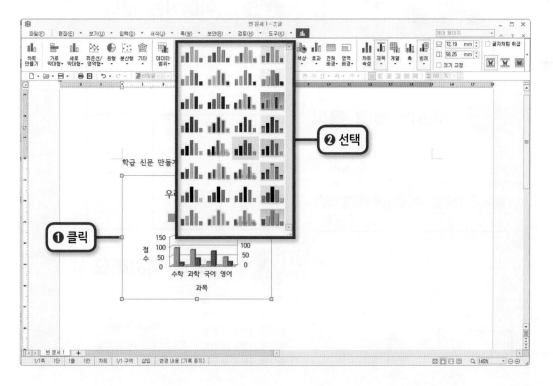

▶▶ 학습한 내용을 바탕으로 완성 파일을 참고하여 나만의 스타일로 학급 신문을 완성해 봅니다.

쪽 테두리/ 배경 지정

다단 설정

단 나누기

차트 삽입 및 차트 스타일 지정

우리반 7월 소식지

급훈 지켜보고 있다

발행일 2021.06.28

우리반 소식

6월 10일, 진우가 유기견을 입양하였습니다. 진우는 평소 부모님과 함께 봉사활동을 다니던 유기견 보호센터에서 1살 된 믹스견을 반려견으로 맞이했다고 하는데요. 봉사활동을 마치고 집으로 돌아갈 때마다 강아지의 슬픈 눈이 계속 아른거려 강아지를 입양하기 위해 부모님을 설득했다고 합니다. 진우는 반려견으로 맞이한 강아지에게 '시아'라는 이름을 붙여주고 평생 가족이 되어주겠다고 다짐했다고 합니다. 힘든 결정이었지만 반려견의 평생 가족이 되어준 진우가 멋있습니다.

진우의 반려견 '시아'

우리반 최애 음식

얼마 전, 수학 시간에 우리반 최애 음식에 대해 설문을 진행한 적이 있다. 떡볶이, 피자, 햄버거, 치킨이 후보로 올랐으며 설문 결과는 다음과 같다.

구분	떡볶이	피자	햄버거	치킨
남자	5명	15명	6명	4명
여자	12명	2명	7명	9명

우리반 최애 음식

■ 남자 ■ 여자

이벤트 안내

환경오염 포스터 공모전
◈ 마감: 8월 15일(금)
◈ 발표: 9월 1일(수)

가을 체육 대회
◈ 일시: 10월 8일(금)
◈ 장소: 미래초등학교

쉬어가는 코너

두뇌를 깨우는 스도쿠 게임

	7			9				5
2				6				
			2	3	1	7		
	2	3	8				5	
		7				9		
	4				3	6	2	
		9	3	1	7			
			5					4
7			6				1	

생일을 축하해요

🎂 7월 15일 우연희
🎂 7월 17일 강승우
🎂 7월 19일 여주현
🎂 7월 24일 최윤

Happy Birthday

16 Chapter

음식 레시피 영상 만들기

학습내용 알아보기

- 슬라이드 마스터를 설정할 수 있습니다.
- 슬라이드에 화면 전환 효과를 적용할 수 있습니다.
- 무료 음악을 다운로드 받을 수 있습니다.
- 슬라이드에 음악을 삽입할 수 있습니다.
- 슬라이드를 동영상으로 만들 수 있습니다.

◆ 예제 파일 | 16강 [수행 과제 예제 파일] 폴더   ◆ 완성 파일 | 음식 레시피 영상 만들기_완성.mp4

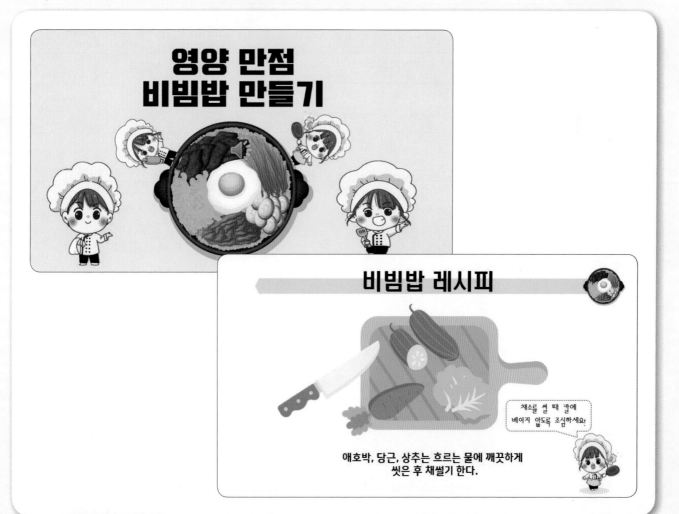

수행 평가 기준

- 음식을 만들기 위해 필요한 재료를 말할 수 있는가?
- 음식 조리 과정을 조리 순서에 맞게 말할 수 있는가?
- 음식 조리 시 주의사항을 말할 수 있는가?

01 과제 수행 준비하기

▶▶ 과제를 수행하기 위해 필요한 자료들을 정리해 봅니다.

● 음식 레시피 영상을 만들기 위해서는 우선 음식을 만들기 위해 필요한 재료와 조리 도구를 설명하고 각 조리 순서에 맞게 조리 방법을 설명해야 합니다. 이때 이미지를 활용하면 조리 방법을 이해하기 쉽습니다. 또한 중간 중간 조리 시 주의할 점에 대해 알려주어야 합니다.

구분	내용	
음식명		
재료	주재료	부재료
조리 도구		
조리 방법		
조리 시 주의사항	위생	안전

● 예시

구분	내용	
음식명	영양 만점 비빔밥	
재료	주재료	부재료
	흰밥, 채 썬 쇠고기, 달걀, 애호박, 상추, 당근	식용유, 간장, 참기름, 소금, 후춧가루, 고추장
조리 도구	프라이팬, 칼, 도마, 뒤집개, 젓가락, 그릇	
조리 방법	1. 쇠고기를 그릇에 담고 간장, 참기름을 각각 1작은술씩 넣고 후춧가루를 조금 넣은 후 양념해 둔다. 2. 애호박, 당근, 상추는 흐르는 물에 깨끗하게 씻은 후 채썰기 한다. 3. 프라이팬에 식용유를 두르고 예열한 후 계란을 부친다. 4. 애호박에 소금을 약간 넣고 볶는다. 5. 당근도 소금을 약간 넣고 볶는다. 6. 양념해 둔 쇠고기를 볶는다. 7. 그릇에 밥을 담고 밥 위에 볶은 애호박, 볶은 당근, 상추, 계란 프라이를 보기 좋게 올려 놓는다. 8. 고추장과 참기름을 함께 담아 낸다.	
조리 시 주의사항	위생	안전
	• 음식을 만들기 전에 손을 깨끗이 씻는다. • 채소들은 흐르는 물에 깨끗이 씻어 준비한다. • 그릇은 깨끗이 씻어 물기를 제거한다.	• 채소를 썰 때 칼에 베이지 않도록 주의한다. • 프라이팬에 물기가 남아 있지 않게 하여 기름이 튀지 않도록 한다. • 달궈진 프라이팬을 다룰 때 화상을 입지 않도록 주의한다.

Tip 만들 음식의 레시피를 조사하지 못했다면, 예시의 내용을 활용하여 과제를 수행해 보세요.

◆ **예제 파일** | 16강 [기능 익히기 예제 파일] 폴더

▶▶ 과제를 수행하기 위해 필요한 프로그램의 기능을 알아봅니다.

01 슬라이드 마스터 설정하기

❶ [PowerPoint 2016] 프로그램을 실행한 후 '음식 레시피 영상 만들기_예제.pptx' 파일을 불러옵니다.

❷ [보기] 탭-[마스터 보기] 그룹-[슬라이드 마스터(▦)]를 클릭합니다.

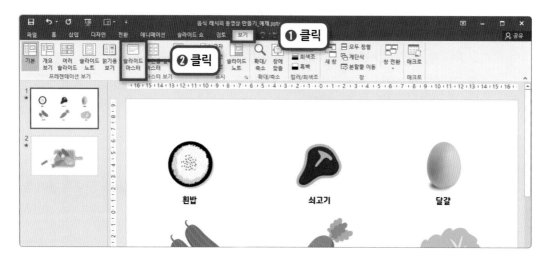

❸ 슬라이드 마스터 창이 나타나면 [빈 화면] 레이아웃이 선택된 것을 확인합니다. 이어서 도형과 텍스트 상자를 이용하여 슬라이드 마스터를 만들어 봅니다.

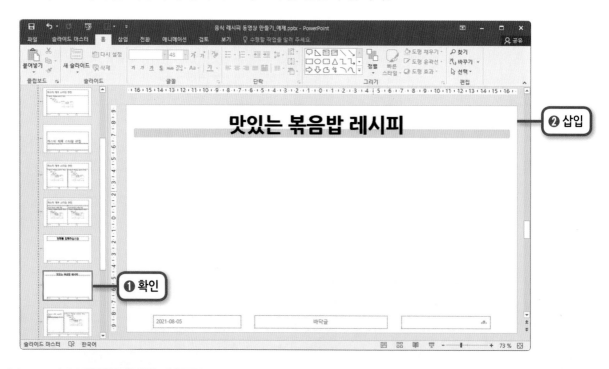

④ [슬라이드 마스터] 창을 빠져 나오기 위해 [슬라이드 마스터] 탭–[닫기] 그룹–[마스터 보기 닫기 (x)]를 클릭합니다.

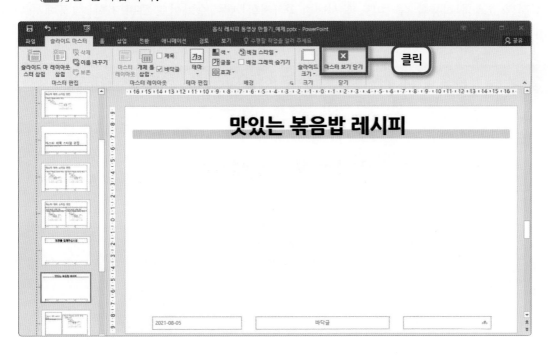

⑤ 슬라이드 마스터가 적용된 슬라이드를 확인한 후 [빈 화면] 슬라이드를 추가해 보고, 다른 레이아웃의 슬라이드를 추가하여 차이를 비교해 봅니다.

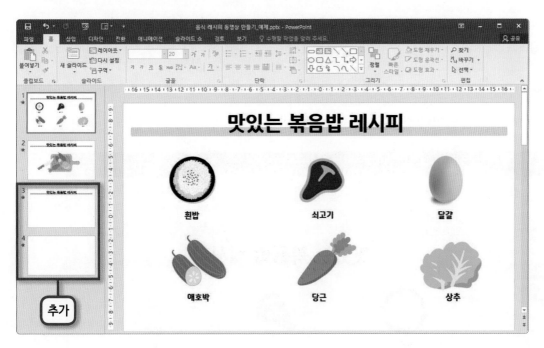

Tip [빈 화면] 레이아웃에 슬라이드 마스터를 지정하였기 때문에 다른 레이아웃의 슬라이드에는 지정한 슬라이드 마스터가 적용되지 않습니다. 모든 레이아웃에 슬라이드 마스터를 지정하려면 [슬라이드 마스터] 창의 슬라이드 목록에서 첫 번째 슬라이드를 선택한 후 슬라이드 마스터를 지정합니다.

02 슬라이드에 화면 전환 효과 적용하기

❶ 화면 전환 효과를 적용할 슬라이드를 선택한 후 [전환] 탭–[슬라이드 화면 전환] 그룹에서 원하는
 화면 전환 효과를 선택합니다.

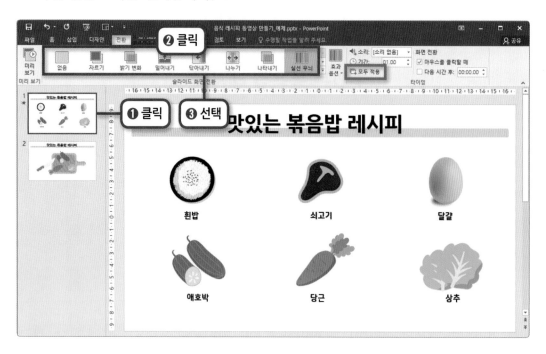

[타이밍] 그룹의 [모두 적용]을 클릭하면 전체 슬라이드에 동일한 화면 전환 효과와 효과 옵션이 적용
됩니다.

❷ [미리 보기] 그룹–[미리 보기(📽️)]를 클릭하여 적용된 화면 전환 효과를 확인합니다.

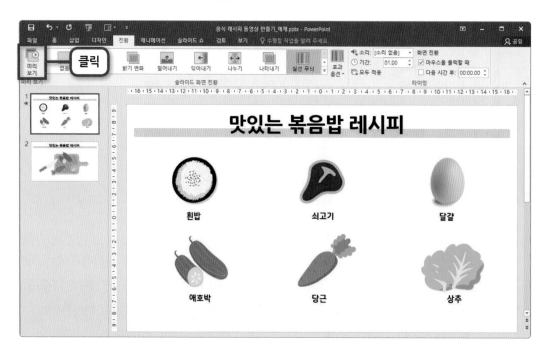

03 무료 음악 다운로드 하기

❶ 크롬(ⓒ) 브라우저를 실행한 후 '픽사베이(https://pixabay.com/ko/)' 사이트에 접속합니다.

❷ 페이지 상단의 [음악]을 클릭합니다.

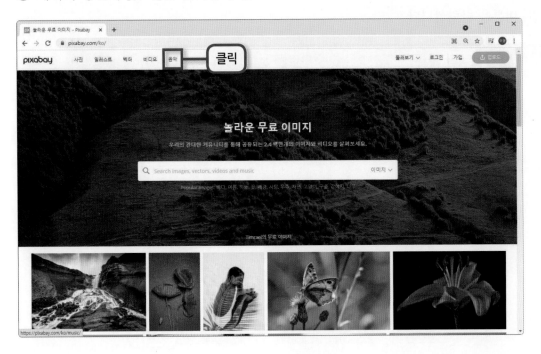

❸ 화면 왼쪽의 세부 검색 조건을 설정한 후 나타나는 음악 목록의 [재생(▶)] 버튼을 클릭하여
  음악을 확인하고 [다운로드]를 클릭하여 음악을 다운로드 받습니다.

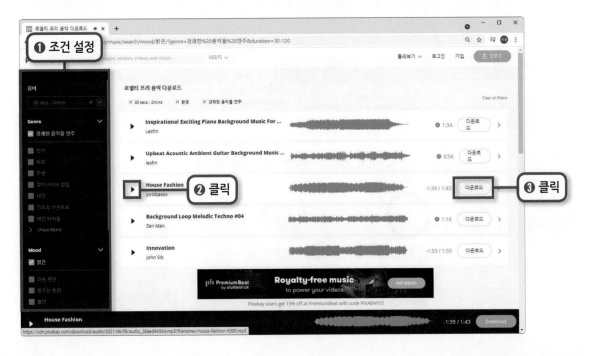

 다운로드 받은 음악은 [내 PC]-[다운로드] 폴더에 저장됩니다.

04 슬라이드에 음악 삽입하기

❶ 첫 번째 슬라이드를 선택하고 [삽입] 탭-[미디어] 그룹-[오디오(🔊)]-[내 PC의 오디오]를 클릭하여 [오디오 삽입] 대화상자가 나타나면 앞서 다운로드 받은 음악 혹은 예제 파일을 선택한 후 [삽입] 버튼을 클릭합니다.

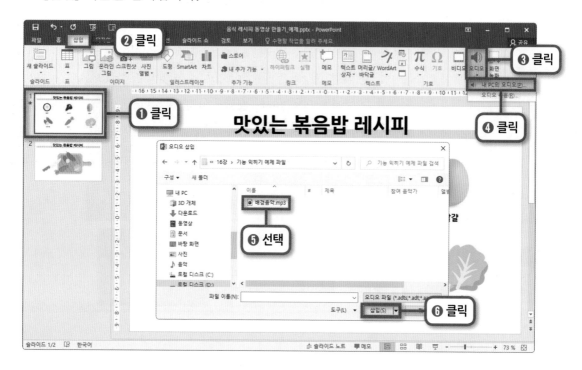

❷ 음악이 삽입되면 [오디오 도구]-[재생] 탭-[오디오 옵션] 그룹에서 그림과 같이 옵션을 지정합니다.

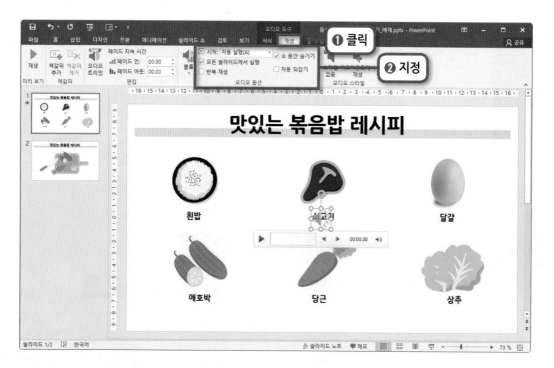

슬라이드 동영상으로 내보내기

❶ 완성된 슬라이드를 동영상 파일로 만들기 위해 [파일] 탭-[내보내기]-[비디오 만들기]를 클릭
합니다.

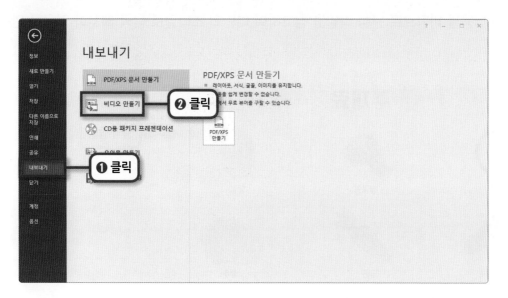

❷ [비디오 만들기] 창이 나타나면 프레젠테이션 품질 및 각 슬라이드가 재생될 시간을 지정한 후
[비디오 만들기]를 클릭합니다.

❸ [다른 이름으로 저장] 대화상자가 나타나면 파일을 저장할 위치, 파일 이름, 파일 형식을 지정한
후 [저장] 버튼을 클릭합니다.

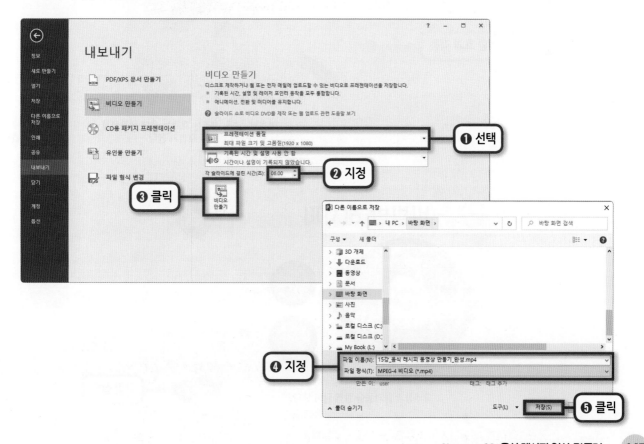

▶▶ 학습한 내용을 바탕으로 완성 파일을 참고하여 나만의 스타일로 음악 레시피 영상을 완성해 봅니다.

17
Chapter

속담으로 경험 표현하기

학습내용 알아보기

- 페이지에 사진을 삽입하고 배경으로 사용할 수 있습니다.
- 스타일 텍스트와 요소를 조합하여 로고를 만들 수 있습니다.
- 개체를 그룹화할 수 있습니다.
- 개체에 링크를 연결할 수 있습니다.

◆ **예제 파일** | 없음 ◆ **완성 파일** | 속담으로 경험 표현하기_완성.pptx

수행 평가 기준

- 표현할 속담의 의미를 말할 수 있는가?
- 속담의 의미와 본인의 경험을 연결지을 수 있는가?
- 본인의 경험을 속담과 연결지어 그림으로 나타낼 수 있는가?

01 과제 수행 준비하기

▶▶ 과제를 수행하기 위해 필요한 자료들을 정리해 봅니다.

● 속담이란 교훈이나 풍자를 위해 비유의 방법을 이용하여 어떤 사실을 나타내는 방법으로, 자신이 겪었던 경험을 속담과 연관지어 이를 만화로 표현하는 과제입니다. 과제를 수행하기 위해 속담이 가지고 있는 의미를 정확하게 이해하고 해당 속담이 사용될 수 있는 적절한 상황과 연관지어야 합니다.

구분	내용
선정한 속담	
속담의 의미	
참고 링크	
속담이 사용되는 상황	
속담과 연관 지을 수 있는 나의 경험	
만화로 표현할 내용	

● 예시

구분	내용
선정한 속담	등잔 밑이 어둡다.
속담의 의미	• 대상에서 가까이 있는 사람이 도리어 대상에 대하여 잘 알기 어렵다는 말 • 가까이에 있는 물건이나 사람을 잘 찾지 못함을 이르는 말
참고 링크	네이버 국어사전(https://ko.dict.naver.com/#/entry/koko/67ed6607fc224f13944a70 2942bb7b05)
속담이 사용되는 상황	• 바로 코앞에 있는 물건을 찾지 못하고 한참 동안 찾을 때 • 잃어버린 가족을 오래 동안 찾았는데 한 동네에 살고 있을 때 • 가까운 곳에 벚꽃놀이 장소가 있는 줄 모르고 먼 지역으로 벚꽃놀이 떠날 때 • 평소 친하게 지내던 이웃이 범죄사건의 범인임을 알았을 때
속담과 연관 지을 수 있는 나의 경험	작년 여름, 외출 후 집으로 돌아온 우리 가족은 에어컨을 켜기 위해 에어컨 리모콘을 찾았다. 그러나 리모콘은 보이지 않았고 아빠, 엄마, 나, 동생 모두 리모콘을 찾기 위해 안방, 내 방, 동생 방, 심지어 주방과 화장실까지 모두 뒤졌다. 나와 동생은 더위에 지쳐 거실 바닥에 앉아 땀을 뻘뻘 흘리며 힘들어 했다. 10여분이 지나고 나서야 결국 리모콘을 찾았는데 리모콘은 에어컨 옆 리모콘 거치대에 꽂혀 있었다. 우리 가족은 등잔 밑이 어둡다는 것을 느끼며 에어컨을 켰다.
만화로 표현할 내용	더위에 지쳐 거실에 앉아 있는 나와 동생, 그리고 에어컨 옆 리모콘 거치대에 꽂혀 있는 에어컨 리모콘을 보지 못하고 계속해서 리모콘을 찾아 다니는 아빠의 모습

 속담과 나의 경험을 연관짓기 힘들다면, 예시의 내용을 활용하여 과제를 수행해 보세요.

▶▶ 과제를 수행하기 위해 필요한 프로그램의 기능을 알아봅니다.

01 페이지에 사진 삽입하고 배경으로 사용하기

❶ 크롬(⊙) 브라우저를 실행하고 '미리캔버스(https://www.miricanvas.com/)' 사이트에 접속하여 로그인한 후 페이지 형식을 [프레젠테이션]으로 지정합니다.

❷ 왼쪽 메뉴 중 [사진]을 클릭한 후 원하는 사진을 선택하거나 검색창에 검색어를 입력하여 원하는 사진을 페이지에 삽입합니다.

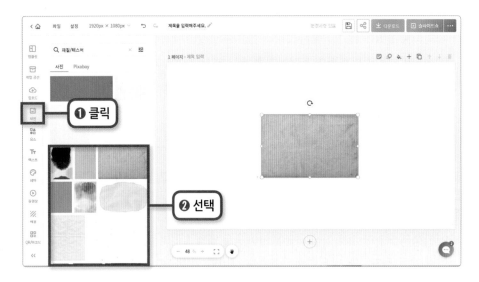

❸ 페이지에 사진이 삽입되면 사진을 배경으로 사용하기 위해 사진을 선택한 후 마우스 오른쪽 버튼을 클릭하고 [배경으로 만들기]를 클릭합니다.

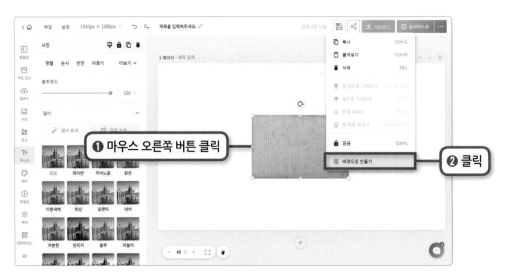

02 스타일 텍스트와 요소 조합하여 로고 만들기

❶ 왼쪽 메뉴 중 [텍스트]-[스타일]을 클릭한 후 원하는 스타일 텍스트를 페이지에 삽입합니다.

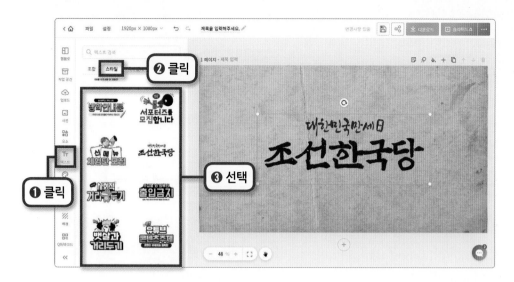

❷ 삽입된 스타일 텍스트를 선택한 후 마우스 오른쪽 버튼을 클릭하고 [그룹해제]를 클릭하여 불필요한 요소를 삭제합니다. 이어서 텍스트 상자를 더블클릭하여 내용을 수정합니다.

❸ 왼쪽 메뉴 중 [요소]를 클릭하여 원하는 요소들을 페이지에 삽입하고 크기와 위치를 조절합니다.

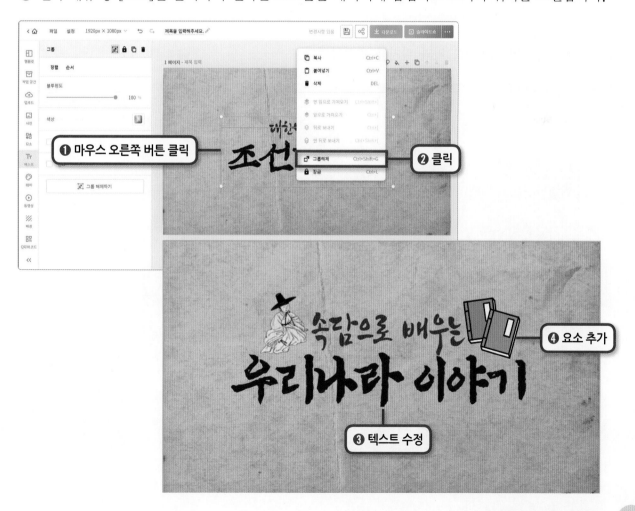

03 개체 그룹화하기

❶ Shift 키를 누른 상태로 그룹화할 개체들을 각각 클릭한 후 마우스 오른쪽 버튼을 클릭하고 [그룹]을 클릭합니다.

그룹화할 개체들을 선택한 후 Ctrl + G 키를 눌러도 그룹화할 수 있습니다.

❷ 그룹화된 개체의 크기와 위치를 조절합니다.

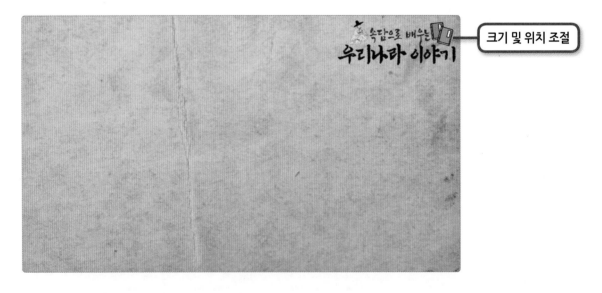

크기 및 위치 조절

04 **개체에 링크 연결하기**

❶ 그룹화된 로고를 선택한 후 왼쪽의 속성 창에서 [링크]–[url 링크]를 클릭하여 url 입력란이 나타
나면 연결할 사이트 주소를 입력하고 [적용]을 클릭합니다.

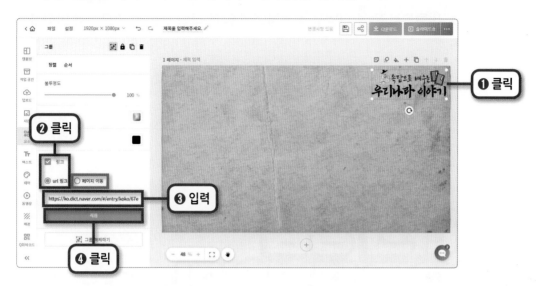

 [페이지 이동]을 클릭하면 개체를 클릭했을 때 지정된 페이지로 이동하도록 할 수 있습니다.

❷ 오른쪽 상단의 [슬라이드 쇼]를 클릭한 후 링크를 연결한 로고를 클릭하여 지정한 사이트로 이동
하는지 확인해 봅니다.

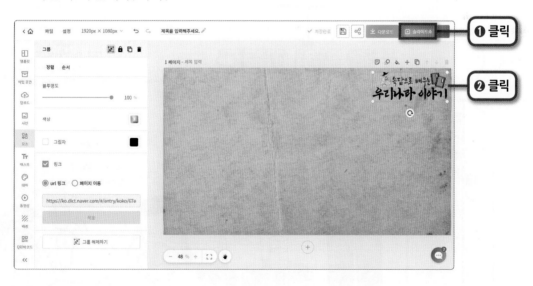

 연결한 링크는 미리캔버스의 [슬라이드 쇼]를 통해서만 확인 가능하며, 다른 형식의 파일로 다운로드
받으면 지정된 링크는 사라집니다.

▶▶ 학습한 내용을 바탕으로 완성 파일을 참고하여 속담과 나의 경험을 연관지어 만화로 표현해 봅니다.

18 Chapter

동물 영어 퀴즈 만들기

학습내용 알아보기

- 바탕쪽에 배경을 삽입할 수 있습니다.
- 책갈피를 지정할 수 있습니다.
- 책갈피에 하이퍼링크를 연결할 수 있습니다.

◆ **예제 파일** | 18강 [수행 과제 예제 파일] 폴더   ◆ **완성 파일** | 동물 영어 퀴즈 만들기_완성.hwp

수행 평가 기준

- 동물이 가진 특징에 대해 말할 수 있는가?
- 동물이 가진 특징을 영어로 표현할 수 있는가?
- 낱말이나 문장을 이용하여 의미가 정확한 영어 문제를 만들 수 있는가?

과제 수행 준비하기

▶▶ 과제를 수행하기 위해 필요한 자료들을 정리해 봅니다.

● 동물 영어 퀴즈를 만들기 위해서는 우선 퀴즈로 만들 동물을 선정한 후 해당 동물의 대표적인 특징을 조사하고 이를 간략하게 정리해야 합니다. 또한 정리한 내용을 영어로 정확하게 표현해야 합니다.

동물명	내용	
	소개	
	특징	
	영어로 표현하기	
	소개	
	특징	
	영어로 표현하기	

● 예시

동물명		내용
사자	소개	고양이과의 포유류로 호랑이와 함께 '백수의 왕'으로 불린다. 새끼 때는 몸에 검은 반점이 있지만 성장하며 점차 사라진다. 수컷 사자는 성체가 되면 어깨와 목 부분에 갈기가 생긴다.
	특징	• 수컷에게는 갈기가 있다. • 연한 갈색빛을 띤다. • 날카로운 이빨을 가지고 있다. • 동물의 왕으로 불린다. • 애니메이션 '라이온킹'의 주인공이다.
	영어로 표현하기	• the male has a mane • It has a light brown color • It has sharp teeth • It is called the king of animals • It is the main character of the animation 'Lion King'
거북	소개	파충류에 해당하며, 지구상에 서식하는 파충류 중 가장 오래 전부터 존재해 온 동물 중 하나이다. 남극을 제외한 온대, 열대 지방 및 해양에 분포하며 이빨은 없지만 턱의 힘이 매우 세다.
	특징	• 딱딱한 등껍질을 가지고 있다. • 수명이 매우 길다. • 걸음이 느리다. • 알을 낳는다.
	영어로 표현하기	• It has a hard shell • It has a very long life • It is a slow walk • It lays eggs

 Tip 퀴즈로 만들 동물을 선정하지 못했다면, 예시의 내용을 활용하여 과제를 수행해 보세요.

02 프로그램 기능 익히기

◆ **예제 파일** | 18강 [기능 익히기 예제 파일] 폴더

▶▶ 과제를 수행하기 위해 필요한 프로그램의 기능을 알아봅니다.

01 바탕쪽에 배경 삽입하기

❶ [한글 NEO] 프로그램을 실행한 후 F7 키를 눌러 [편집 용지] 대화상자가 나타나면 위쪽, 아래쪽, 왼쪽, 오른쪽, 머리말, 꼬리말 여백을 각각 '0'mm로 지정한 후 [설정] 버튼을 클릭합니다.

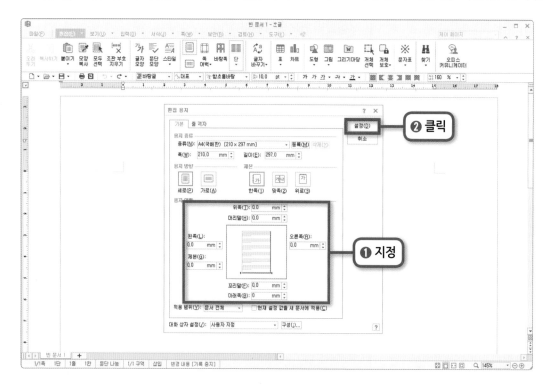

❷ [편집] 탭-[바탕쪽(🖽)]을 클릭하여 [바탕쪽] 대화상자가 나타나면 [만들기] 버튼을 클릭합니다.

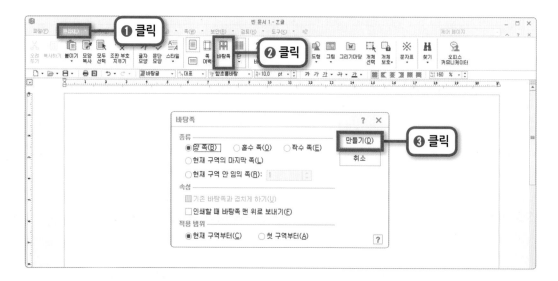

❸ [바탕쪽] 창이 나타나면 [바탕쪽] 탭-[그림(▧)]을 클릭합니다.

❹ [그림 넣기] 대화상자가 나타나면 배경으로 사용할 그림을 선택한 후 [넣기] 버튼을 클릭합니다.

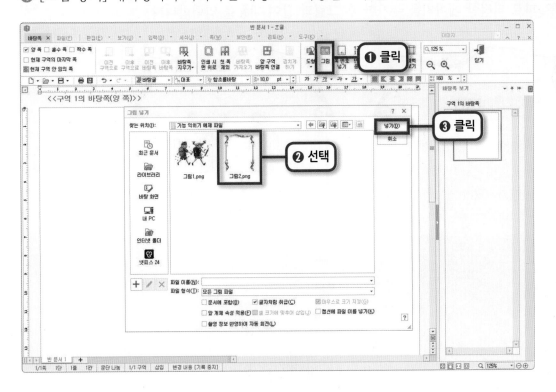

❺ 삽입된 그림을 선택하고 크기 조절점을 드래그하여 페이지에 맞게 크기를 조절한 후 [닫기(→▐)]를 클릭하여 편집 화면으로 빠져 나옵니다.

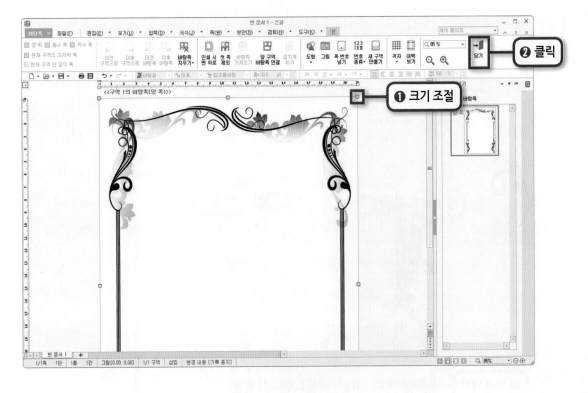

책갈피 지정하기

❶ 책갈피로 지정할 페이지를 추가한 후 그림과 같이 내용을 입력합니다.

▲ 1페이지

▲ 2페이지

Ctrl + J 키를 눌러 페이지를 추가할 수 있습니다.

❷ 책갈피로 지정할 페이지로 이동하여 텍스트 앞쪽에 마우스 커서를 위치시킨 후 [입력] 탭–[책갈피(📑)]를 클릭합니다.

❸ [책갈피] 대화상자가 나타나면 [책갈피 이름]에 원하는 책갈피 이름을 입력한 후 [넣기] 버튼을 클릭합니다.

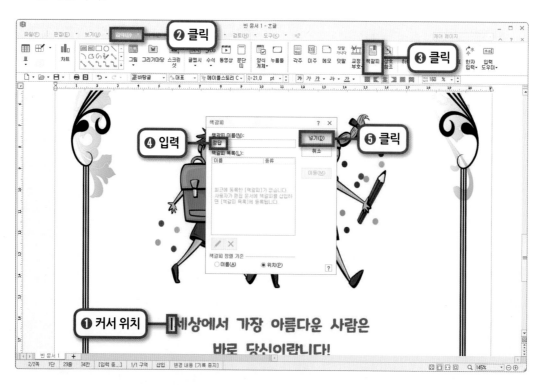

책갈피에 하이퍼링크 연결하기

❶ 첫 번째 페이지로 돌아와 도형을 선택한 후 마우스 오른쪽 버튼을 클릭하여 [하이퍼링크]를 클릭합니다.

❷ [하이퍼링크] 대화상자가 나타나면 앞서 만들었던 책갈피 이름을 선택한 후 [넣기] 버튼을 클릭합니다.

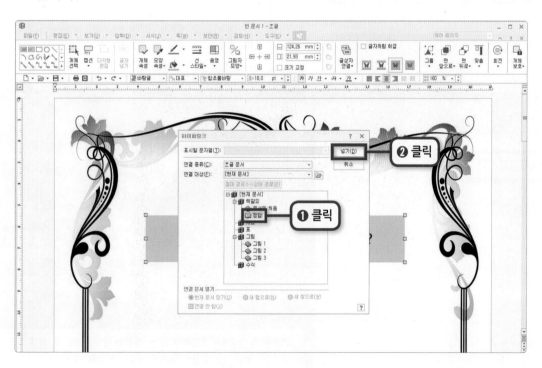

❸ 하이퍼링크를 연결한 도형을 클릭하여 책갈피로 지정한 페이지로 이동하는지 확인해 봅니다.

03 수행 과제 해결하기

▶▶ 학습한 내용을 바탕으로 완성 파일을 참고하여 나만의 스타일로 동물 영어 퀴즈를 완성해 봅니다.

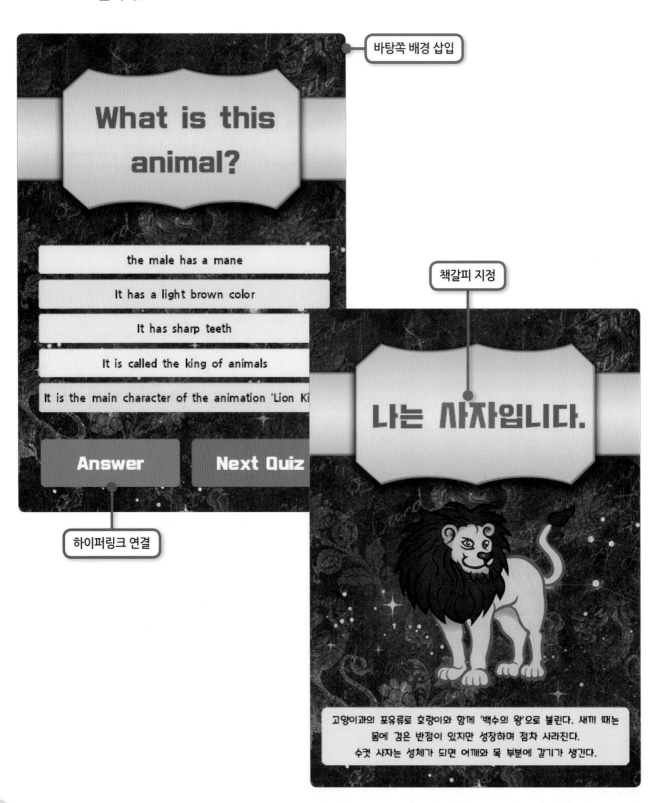

바탕쪽 배경 삽입

책갈피 지정

하이퍼링크 연결

곰믹스 프로

19 Chapter

랜드마크 소개 영상 만들기

학습내용 알아보기

· 무료 영상을 다운로드 받을 수 있습니다.
· 영상을 분할하고 삭제할 수 있습니다.
· 화면을 크롭하고 배경음을 음소거시킬 수 있습니다.
· 페이드 인/페이드 아웃 효과를 적용할 수 있습니다.
· 배경/효과음을 삽입할 수 있습니다.

◆ 예제 파일 | 19강 [수행 과제 예제 파일] 폴더 　◆ 완성 파일 | 랜드마크 소개 영상 만들기_완성.mp4

자유의 여신상은 미국 독립 100주년을 맞아
프랑스에서 선물로 보내주었습니다.

수행 평가 기준

· 세계의 랜드마크에는 어떤 곳이 있는지 말할 수 있는가?
· 세계의 랜드마크 중 소개 영상으로 만들 곳을 선정할 수 있는가?
· 영상에 랜드마크와 특징이 잘 표현되었는가?

01 과제 수행 준비하기

▶▶ 과제를 수행하기 위해 필요한 자료들을 정리해 봅니다.

● 동영상 수행평가 시 동영상의 길이가 최대 2분이 넘지 않도록 완성하고, 과제의 주제에 맞게 정보를 수집하고 편집해야 합니다. 세계의 랜드마크와 관련된 정보를 검색하여 기획서를 작성해 봅니다.

구분	내용
세계의 랜드마크 나열하기	
소개할 랜드마크	
랜드마크 소개	

● **예시**

구분	내용	
세계의 랜드마크 나열하기	• 캐나다의 나이아가라 폭포 • 영국의 타워 브릿지 • 프랑스의 에펠탑 • 그리스의 파르테논 신전 • 이집트의 피라미드 • 인도의 타지마할	• 이탈리아의 베니스(베네치아) • 호주의 오페라 하우스 • 중국의 만리장성 • 미국의 자유의 여신상 • 노르웨이의 피오르 등
소개할 랜드마크	• 미국의 자유의 여신상 • 호주의 오페라 하우스 • 캐나다의 나이아가라 폭포 • 프랑스의 에펠탑 • 이탈리아의 베니스	

랜드마크 소개	• 미국의 자유의 여신상
	  – 미국의 독립 100주년을 맞아 프랑스에서 선물로 보내주었다.
	  – 원래는 구릿빛이었으나 공기에 산화되어 푸른빛을 띠게 되었다.
	
	• 호주의 오페라 하우스
	  – 호주 시드니에 위치해 있는 예술 공연을 위한 공간이다.
	  – 지붕의 모양은 시드니 항구에 정박해 있는 요트들의 돛모양을 본따 만들었다.
	
	• 프랑스의 에펠탑
	  – 프랑스 파리에 위치해 있는 탑으로, 1889년 3월 준공되었다.
	  – 높이는 324m이다.
	  – 야경이 아름답기로 유명하다.
	
	• 캐나다의 나이아가라 폭포
	  – 캐나다와 미국의 국경에 위치한 거대한 폭포이다.
	  – 높이는 55m, 폭은 671m에 이른다.
	
	• 이탈리아의 베니스
	  – 베네치아라고도 불리며 118개의 작은 섬으로 구성된 도시이다.
	  – 운하를 중심으로 다양한 건물들이 연결되어 있다.
	  – 수상 곤돌라를 타고 도시 사이 사이를 누비며 신비로운 건물들을 구경하는 재미가 있다.	

Tip 소개할 랜드마크에 대해 조사하지 못했다면, 예시의 내용을 활용하여 과제를 수행해 보세요.

02 프로그램 기능 익히기

◆ **예제 파일** | 19강 [기능 익히기 예제 파일] 폴더

▶▶ 과제를 수행하기 위해 필요한 프로그램의 기능을 알아봅니다.

01 무료 영상 다운로드 하기

❶ 크롬(ⓒ) 브라우저를 실행한 후 '픽사베이(https://pixabay.com/ko/)' 사이트에 접속합니다.

❷ 페이지 상단의 [비디오]를 클릭합니다.

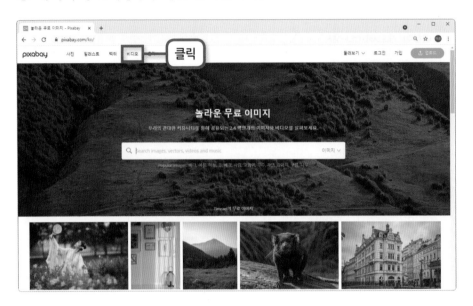

❸ 검색창에 찾고 싶은 비디오의 키워드를 입력한 후 Enter 키를 누릅니다.

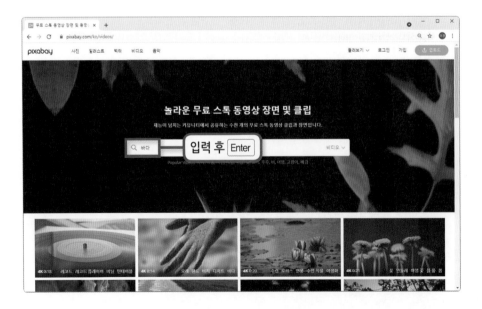

❹ 검색 결과가 나타나면 원하는 영상을 선택합니다.

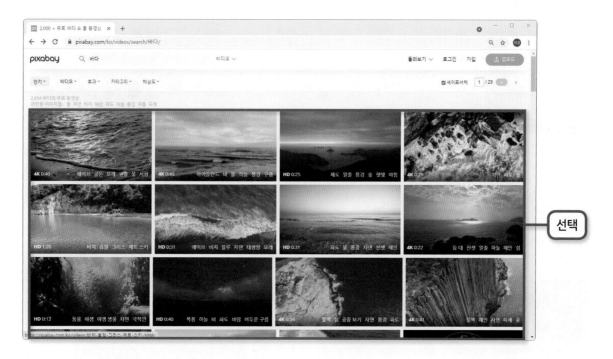

❺ [무료 다운로드]를 클릭하고 해상도를 선택한 후 [다운로드]를 클릭하여 영상을 다운로드 받습니다.

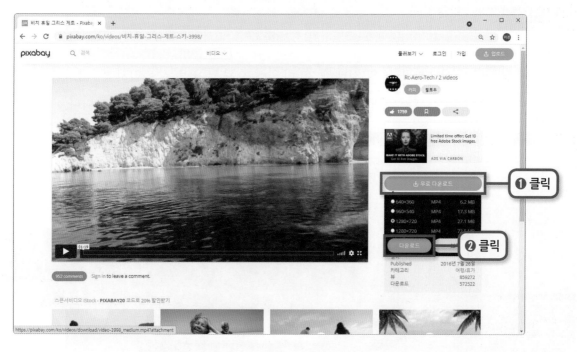

Tip 다운로드 받은 영상은 [내 PC]-[다운로드] 폴더에 저장됩니다.

02 영상 분할하고 삭제하기

❶ [곰믹스 프로] 프로그램을 실행한 후 앞서 다운로드 받은 영상 혹은 예제 파일을 곰믹스 프로로
불러온 후 [미디어 소스] 트랙으로 드래그합니다.

❷ 영상을 분할하고 싶은 위치로 컨트롤 바를 이동시킨 후 [동영상 자르기(▨)]를 클릭합니다.

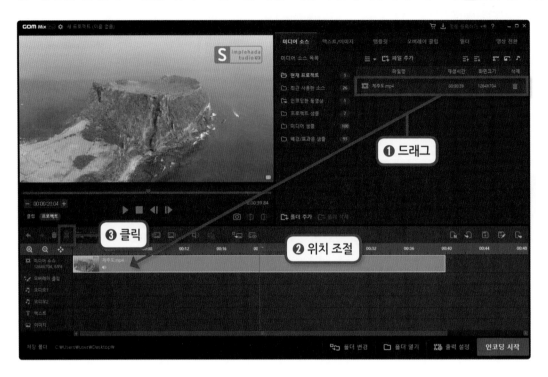

❸ 영상이 분할되면 삭제할 부분을 선택한 후 마우스 오른쪽 버튼을 클릭하고 [미디어 소스 제거
(타임라인)]를 클릭합니다. 안내창이 나타나면 [예]를 클릭하여 영상을 삭제합니다.

화면 크롭하기

❶ 화면을 크롭할 위치에 컨트롤 바를 위치시킨 후 [화면 크롭(🔲)]을 클릭합니다.

❷ [미리보기] 창에서 화면을 크롭할 영역을 드래그한 후 [적용]을 클릭합니다.

04 영상의 배경음 음소거하기

배경음을 음소거할 영상을 선택한 후 [음량 조절(🔊)]을 클릭하여 음량을 최대로 줄이거나 영상 하단의 [음소거(🔊)]를 클릭하여 배경음을 음소거합니다.

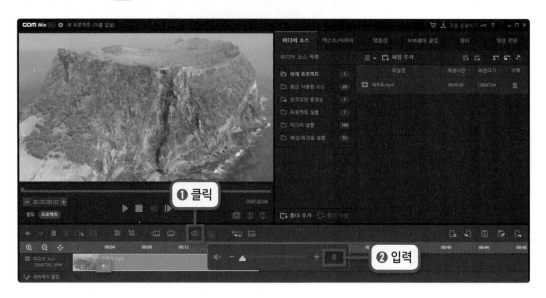

05 페이드 인/페이드 아웃 효과 적용하기

효과를 적용할 영상을 선택한 후 [영상 페이드 인(🔳)], [영상 페이드 아웃(🔳)]을 클릭하여 페이드 인/페이드 아웃 효과를 적용합니다.

페이드 인과 페이드 아웃

- 페이드 인 : 영상의 밝기를 점차 늘려 화면이 나타나게 하는 기법
- 페이드 아웃 : 영상의 밝기를 점차 줄여 화면이 사라지게 하는 기법

배경/효과음 삽입하기

① [미디어 소스] 탭–[배경/효과음 샘플]을 클릭하여 원하는 음악을 [오디오1] 트랙으로 드래그합니다.

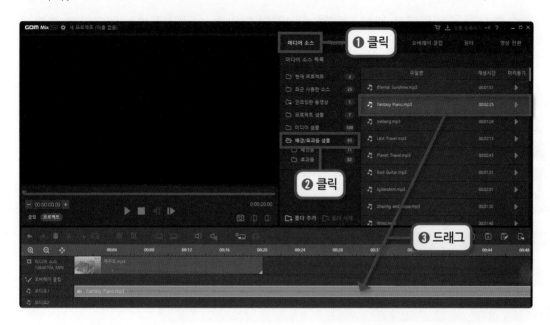

② 트랙에 추가된 음악을 선택한 후 [선택된 오디오 편집( )]–[편집]을 클릭하여 [오디오 편집기] 창이 실행되면 종료 구간을 영상의 길이와 동일하게 변경한 후 [선택 영역만 유지( )]를 클릭하고 [적용]을 클릭합니다.

 Tip

• 편집한 오디오를 초기화하려면 [원본으로 되돌리기]를 클릭합니다.
• [페이드 인]/[페이드 아웃]을 클릭하면 오디오에 페이드 인/페이드 아웃 효과를 적용할 수 있습니다.

▶▶ 학습한 내용을 바탕으로 완성 파일을 참고하여 나만의 스타일로 세계 랜드마크 소개 영상을 완성해 봅니다.

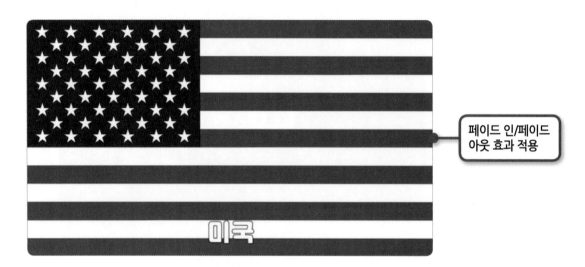

페이드 인/페이드 아웃 효과 적용

배경음 음소거

화면 크롭

배경/효과음 삽입

곰믹스 프로

20
Chapter

환경 이슈 관련 영상 만들기

학습내용 알아보기

- 영상에 템플릿을 적용할 수 있습니다.
- 영상에 이미지를 추가할 수 있습니다.
- 영상에 필터 효과를 적용할 수 있습니다.

◆ **예제 파일** | 20강 [수행 과제 예제 파일] 폴더 ◆ **완성 파일** | 환경 이슈 관련 영상 만들기_완성.mp4

수행 평가 기준

- 현대 사회에서 문제가 되는 환경 이슈에는 어떤 것들이 있는지 말할 수 있는가?
- 환경 이슈 중 하나를 선정하여 문제의 원인과 발생하는 피해를 말할 수 있는가?
- 문제를 해결하기 위해 우리가 할 수 있는 방법에 대해 말할 수 있는가?

▶▶ 과제를 수행하기 위해 필요한 자료들을 정리해 봅니다.

● 동영상 수행 평가 시 동영상의 길이가 최대 2분이 넘지 않도록 완성하고, 과제의 주제에 맞게 정보를 수집하고 편집해야 합니다. 환경 이슈와 관련된 정보를 검색하여 기획서를 작성해 봅니다.

구분	내용
환경 이슈의 종류 나열하기	
선정한 환경 이슈	
환경 이슈의 정의	
문제 발생 원인	
피해 사례	
우리가 실천할 수 있는 노력	

● **예시**

구분	내용
환경 이슈의 종류 나열하기	• 우주 쓰레기 • 바닷속 플라스틱 • 지구온난화 • 열대우림 파괴 • 사막화 • 미세먼지 • 식수 부족
선정한 환경 이슈	지구온난화
환경 이슈의 정의	지구온난화란 지구의 온도가 점점 높아지는 현상이다.
문제 발생 원인	공장에서 나오는 매연, 우리가 타고 다니는 자동차의 배기 가스와 같이 석탄, 석유 등 화석연료의 과도한 사용으로 인해 이산화탄소가 발생하게 되고 이산화탄소는 대기열이 지구 밖으로 빠져 나가지 못하게 하는 온실효과를 만들어 지구의 온도가 점차 높아지게 된다.
피해 사례	• 지구의 온도가 올라가면 북극의 빙하가 녹게 된다. • 녹은 빙하로 인해 해수면이 상승하게 된다. • 해수면이 상승하게 되면 저지대 지역은 물로 잠기게 되고 북극의 빙하가 녹아 없어져 북극곰 등 북극에 사는 동물들이 살아갈 터전을 잃게 된다.
우리가 실천할 수 있는 노력	• 가까운 거리는 자전거를 이용하여 이동하거나 평상시에 대중교통을 이용하도록 한다. • 화석연료를 이용하여 만든 에너지 대신 풍력 발전, 태양열 발전 등 친환경으로 만든 에너지를 사용하도록 한다.

영상으로 만들 환경 이슈에 대해 조사하지 못했다면, 예시의 내용을 활용하여 과제를 수행해 보세요.

02 프로그램 기능 익히기

◆ 예제 파일 | 20강 [기능 익히기 예제 파일] 폴더

▶▶ 과제를 수행하기 위해 필요한 프로그램의 기능을 알아봅니다.

01 영상에 템플릿 적용하기

❶ [곰믹스 프로] 프로그램을 실행한 후 다운로드 받은 영상 혹은 예제 파일을 곰믹스 프로로 불러
온 후 [미디어 소스] 트랙으로 드래그합니다.

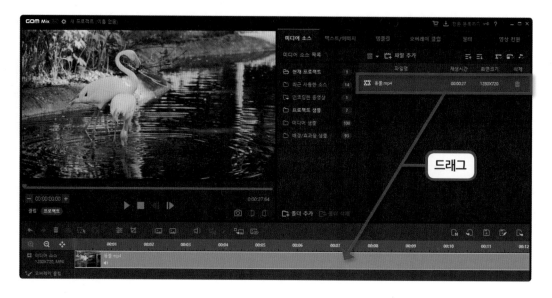

❷ [템플릿] 탭을 클릭하여 템플릿 목록이 나타나면 원하는 템플릿을 선택한 후 [적용]을 클릭합니다.

 템플릿 목록의 카테고리에서 원하는 형식의 템플릿을 선택할 수도 있습니다.

❸ [텍스트] 트랙에 추가된 텍스트를 더블클릭하여 [텍스트/이미지] 편집 창이 나타나면 내용을 입력하고 서식을 지정한 후 [적용]을 클릭합니다.

 선택한 템플릿에 따라 [텍스트] 트랙에 텍스트가 추가되지 않을 수도 있습니다.

❹ [이미지] 트랙과 [텍스트] 트랙의 이미지와 텍스트를 드래그하여 영상의 길이에 맞게 조절합니다.

영상에 이미지 추가하기

❶ 이미지를 추가하기 위해 [텍스트/이미지] 탭-[이미지 추가]를 클릭합니다.

❷ 이미지 목록이 나타나면 원하는 이미지를 선택한 후 [적용]을 클릭합니다.

❸ [미리보기] 창에 이미지가 추가되면 이미지의 크기와 위치를 조절합니다.

03 영상에 필터 효과 적용하기

❶ [미디어 소스] 트랙의 영상을 선택한 후 [필터] 탭을 클릭하여 필터 목록이 나타나면 원하는 필터 효과를 선택합니다.

❷ 필터 목록 화면 왼쪽에 필터 속성 조절 바가 나타나면 속성을 조절한 후 '전체 영상'에 체크하고 [적용]을 클릭합니다.

Tip 필터 효과를 해제하고 싶다면 필터 목록 오른쪽 상단의 [효과 적용 해제]를 클릭합니다.

03 수행 과제 해결하기

▶▶ 학습한 내용을 바탕으로 완성 파일을 참고하여 나만의 스타일로 환경 이슈 관련 영상을 완성해 봅니다.

템플릿 적용

이미지 추가

필터 효과 적용

21
Chapter

음악 감상문 만들기

학습내용 알아보기

- 텍스트의 줄 간격을 변경할 수 있습니다.
- 배경의 투명도를 조절할 수 있습니다.
- 투명한 색 설정 기능을 이용할 수 있습니다.
- 슬라이드에 유튜브 영상을 삽입할 수 있습니다.

◆ **예제 파일** | 21강 [수행 과제 예제 파일] 폴더 ◆ **완성 파일** | 음악 감상문 만들기_완성.pptx

수행 평가 기준

- 음악의 탄생 배경에 대해 말할 수 있는가?
- 음악의 분위기와 떠오르는 장면을 생각하며 음악을 감상할 수 있는가?
- 음악을 감상한 후 느낀 점을 말할 수 있는가?

01 과제 수행 준비하기

▶▶ 과제를 수행하기 위해 필요한 자료들을 정리해 봅니다.

● 음악 감상문을 완성하기 위해서는 우선 음악이 만들어진 배경에 대해 조사하는 것이 좋습니다. 그리고 음악을 감상하며 곡의 분위기와 떠오르는 장면을 머릿속에 생각할 수 있어야 하며, 음악을 감상한 후 곡이 만들어진 배경과 곡의 분위기, 본인의 머릿속에 떠오른 장면 등을 종합하여 느낀 점을 솔직하게 표현해야 합니다.

구분	내용	
음악 감상 자세 체크하기	음악의 분위기를 알 수 있는가?	예( ) 아니오( )
	음악을 들으며 떠오른 장면이 있는가?	예( ) 아니오( )

감상할 음악	
작곡가	
곡의 탄생 배경	
감상 주소	
감상 후 느낀 점	

● **예시**

구분	내용	
음악 감상 자세 체크하기	음악의 분위기를 알 수 있는가?	예(✓) 아니오( )
	음악을 들으며 떠오른 장면이 있는가?	예(✓) 아니오( )

구분	내용
감상할 음악	엘리제를 위하여
작곡가	베토벤
곡의 탄생 배경	평생 독신으로 살다 생을 마감한 베토벤에게도 특별한 감정을 가진 여인이 있었습니다. 그녀는 바로 자신의 주치의의 딸인 테레제 말파티였습니다. 베토벤은 테레제 말파티에게 특별한 감정을 느껴 청혼하지만 테레제 말파티는 베토벤의 청혼을 받아주지 않았습니다. '엘리제를 위하여'는 베토벤이 테레제 말파티에게 특별한 감정을 느끼고 있을 때 그녀에게 헌정하기 위해 만든 곡으로 추측되고 있습니다. '엘리제를 위하여'라는 곡명은 원래 '테레제를 위하여'라는 이야기가 있습니다. 악보를 인쇄할 때 베토벤의 자필 악보를 잘못 읽어 '엘리제를 위하여'로 인쇄되었다고 전해지고 있습니다.
감상 주소	https://youtu.be/n4YZKJQKFFk
감상 후 느낀 점	곡의 도입 부분은 연인이 따뜻한 햇살 아래 평화롭게 숲속을 거닐고 있는 느낌입니다. 곡의 중반 부분부터는 테레제로부터 청혼을 거절 당한 후 베토벤이 느낀 감정을 나타내는 것처럼 쫓기는 듯하고 긴박한 분위기가 느껴지지만 곡은 다시 평화롭고 따뜻한 느낌으로 돌아옵니다. 곡의 마지막 부분은 사랑에 실패한 베토멘의 슬픈 마음이 느껴집니다. '엘리제를 위하여'는 테레제를 향한 베토벤의 사랑의 역사가 담겨 있는 곡이라는 느낌을 받았습니다.

Tip 감상할 음악에 대해 조사하지 못했다면, 예시의 내용을 활용하여 과제를 수행해 보세요.

▶▶ 과제를 수행하기 위해 필요한 프로그램의 기능을 알아봅니다.

01 텍스트 줄 간격 변경하기

❶ [PowerPoint 2016] 프로그램을 실행한 후 슬라이드 레이아웃을 [콘텐츠 2개]로 변경합니다.

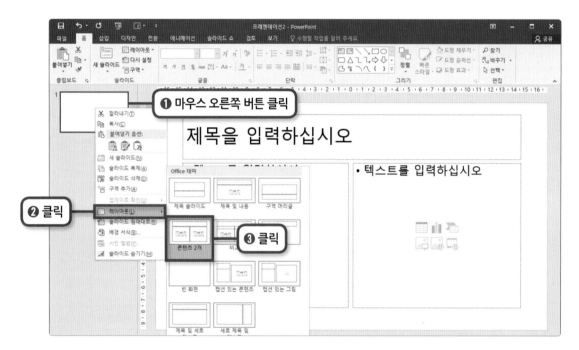

❷ 왼쪽 텍스트 상자에 내용을 입력합니다.

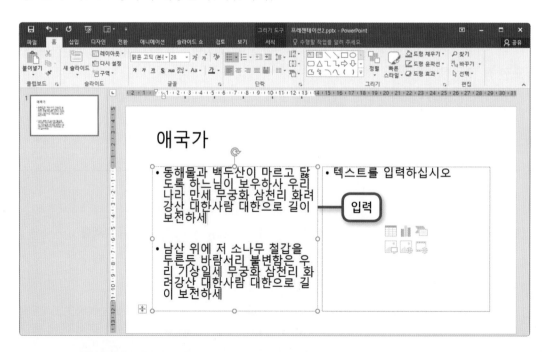

❸ 입력한 텍스트를 드래그하여 영역 지정한 후 [홈] 탭–[단락] 그룹–[줄 간격(≣)]–[줄 간격 옵션]을 클릭합니다.

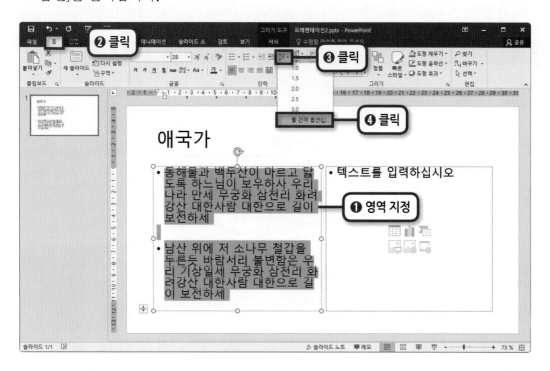

❹ [단락] 대화상자가 나타나면 [들여쓰기 및 간격] 탭의 [간격]에서 [줄 간격]을 '배수'로, [값]을 '1.2'로 지정한 후 [확인] 버튼을 클릭합니다.

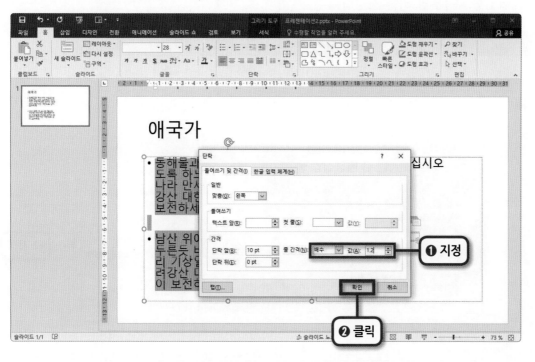

 Tip 텍스트 상자의 크기와 글자 서식을 고려하여 줄 간격 값을 조절합니다.

02 배경의 투명도 설정하기

❶ 슬라이드의 빈 곳을 마우스 오른쪽 버튼으로 클릭하고 [배경 서식]을 클릭합니다.

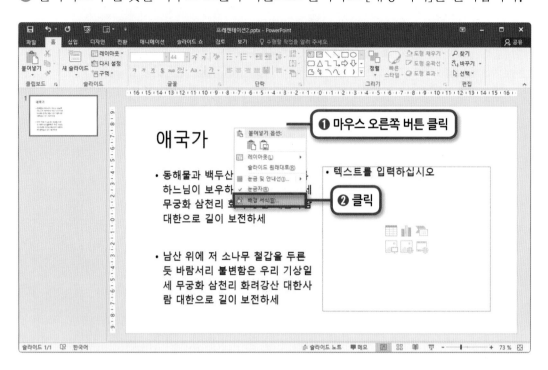

❷ 화면 오른쪽에 [배경 서식] 창이 나타나면 [채우기]-[그림 또는 질감 채우기]-[파일]을 클릭하여 그림을 삽입한 후 [투명도]를 지정합니다.

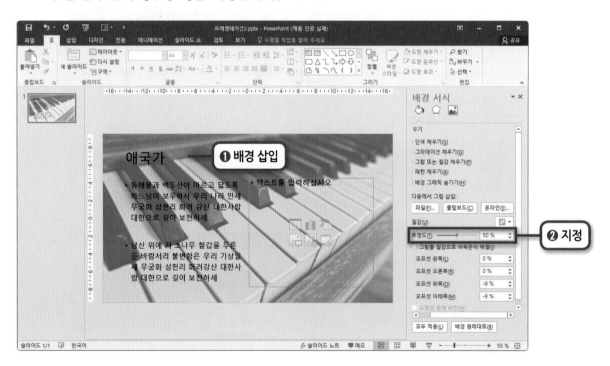

03 투명한 색 설정 기능 이용하기

❶ [삽입] 탭-[이미지] 그룹-[그림()]을 클릭하여 그림을 삽입합니다.

❷ 삽입된 그림을 선택한 후 [그림 도구]-[서식] 탭-[조정] 그룹-[색]-[투명한 색 설정]을 클릭합니다.

❸ 마우스 포인터의 모양이 바뀌면 투명한 색으로 설정할 그림의 배경을 클릭합니다.

슬라이드에 유튜브 영상 삽입하기

❶ 크롬(◉) 브라우저를 실행한 후 '유튜브(https://www.youtube.com/)' 사이트에 접속합니다.

❷ 삽입할 영상을 검색한 후 영상 하단의 [공유]–[퍼가기]–[복사]를 차례대로 클릭합니다.

❸ 파워포인트 프로그램으로 돌아와 [삽입] 탭–[미디어] 그룹–[비디오(▣)]–[온라인 비디오]를 클릭합니다.

❹ [비디오 삽입] 대화상자가 나타나면 [비디오 Embed 태그] 주소 입력 칸에 복사한 주소를 붙여 넣고 Enter 키를 누릅니다.

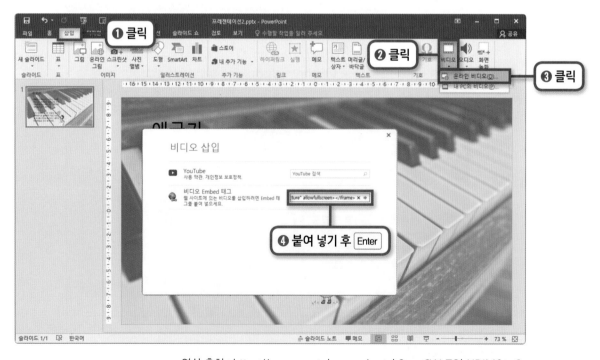

*영상 출처 : https://www.youtube.com/watch?v=n6WaTObHRJM&t=6s

03 수행 과제 해결하기

▶▶ 학습한 내용을 바탕으로 완성 파일을 참고하여 나만의 스타일로 음악 감상문을 완성해 봅니다.

배경 투명도 설정

투명한 색 설정

음악 감상문

엘리제를 위하여

슬라이드 테마 변경

유튜브 영상 삽입

'엘리제를 위하여' 함께 듣기

텍스트 줄 간격 지정

'엘리제를 위하여'를 듣고…

곡의 탄생 배경

평생 독신으로 살다 생을 마감한 베토벤에게도 특별한 감정을 가진 여인이 있었습니다. 그녀는 바로 자신의 주치의의 딸인 테레제 말파티였습니다. 베토벤은 테레제 말파티에게 특별한 감정을 느껴 청혼하지만 테레제 말파티는 베토벤의 청혼을 받아주지 않았습니다.

'엘리제를 위하여'는 베토벤이 테레제 말파티에게 특별한 감정을 느끼고 있을 때 그녀에게 헌정하기 위해 만든 곡으로 추측되고 있습니다. '엘리제를 위하여'라는 곡명은 원래 '테레제를 위하여'라는 이야기가 있습니다. 악보를 인쇄할 때 베토벤의 자필 악보를 잘못 읽어 '엘리제를 위하여'로 인쇄되었다고 전해지고 있습니다.

감상평

곡의 도입 부분은 연인이 따뜻한 햇살 아래 평화롭게 숲속을 거닐고 있는 느낌입니다. 그러다가 곡의 중반 부분부터는 테레제로부터 청혼을 거절 당한 후 베토벤이 느낀 감정을 나타내는 것처럼 쫓기는 듯하고 긴박한 분위기가 느껴지지만 곡은 다시 평화롭고 따뜻한 느낌으로 돌아옵니다. 곡의 마지막 부분은 사랑에 실패한 베토벤의 슬픈 마음이 느껴집니다.

엘리제를 위하여는 테레제를 향한 베토벤의 사랑의 역사가 담겨 있는 곡이라는 느낌을 받았습니다.

22
Chapter

과일 카드 뒤집기 게임 만들기

학습내용 알아보기

- 패턴으로 슬라이드 배경을 채울 수 있습니다.
- 그림으로 텍스트를 채울 수 있습니다.
- 트리거 기능을 이용하여 뒤집기 효과를 만들 수 있습니다.
- 애니메이션이 적용된 도형을 복사할 수 있습니다.

◆ **예제 파일** | 22강 [수행 과제 예제 파일] 폴더　　◆ **완성 파일** | 과일 카드 뒤집기 게임 만들기_완성.pptx

수행 평가 기준

- 여러 가지 과일의 종류에 대해 말할 수 있는가?
- 각 과일의 이름을 영어로 말할 수 있는가?

01 과제 수행 준비하기

▶▶ 과제를 수행하기 위해 필요한 자료들을 정리해 봅니다.

● 과일 카드 뒤집기 게임을 만들기 위해서는 과일의 종류에는 어떤 것들이 있는지 조사하고 이 중 게임으로 사용할 과일을 선정하여 과일의 사진과 과일의 영어 이름을 정리해야 합니다. 게임에 사용할 과일을 선정할 때는 우리가 평소에 자주 먹고 익숙한 과일을 선정하는 것이 좋습니다.

구분	내용	
과일 종류 나열하기		
게임에 사용할 과일과 영어 이름	과일	영어 이름

● **예시**

구분	내용		
과일 종류 나열하기	• 사과 • 복숭아 • 딸기 • 수박 • 참외 • 포도 • 석류 • 망고 • 배 • 키위 • 오렌지 • 자몽 • 귤 • 살구 • 한라봉 • 체리 • 파인애플 등		
게임에 사용할 과일과 영어 이름	과일	영어 이름	
	사과	Apple	
	체리	Cherry	
	복숭아	Peach	
	딸기	Strawberry	
	수박	Watermelon	

Tip 게임에 사용할 과일을 선정하지 못했다면, 예시의 내용을 활용하여 과제를 수행해 보세요. 또한 과일의 영어 이름이 생각나지 않는다면, 네이버 어학사전(https://en.dict.naver.com)을 이용해 보세요.

▶▶ 과제를 수행하기 위해 필요한 프로그램의 기능을 알아봅니다.

01 패턴으로 슬라이드 배경 채우기

❶ [PowerPoint 2016] 프로그램을 실행한 후 슬라이드의 빈 곳을 마우스 오른쪽 버튼으로 클릭하고 [배경 서식]을 클릭합니다.

❷ 화면 오른쪽에 [배경 서식] 창이 나타나면 [채우기]-[패턴 채우기]를 클릭합니다.

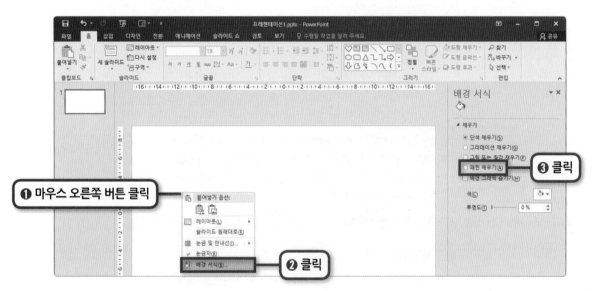

❸ 패턴의 종류를 선택한 후 전경색과 배경색을 지정하여 슬라이드의 배경을 패턴으로 꾸며 봅니다.

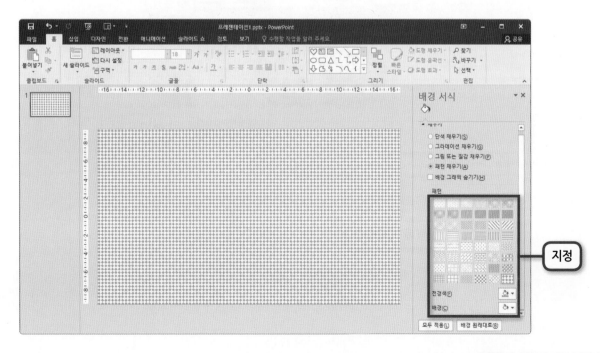

그림으로 텍스트 채우기

❶ 텍스트 상자를 삽입한 후 내용을 입력하고 글자 서식을 지정합니다.

❷ 그림으로 채울 텍스트를 드래그하여 영역 지정합니다.

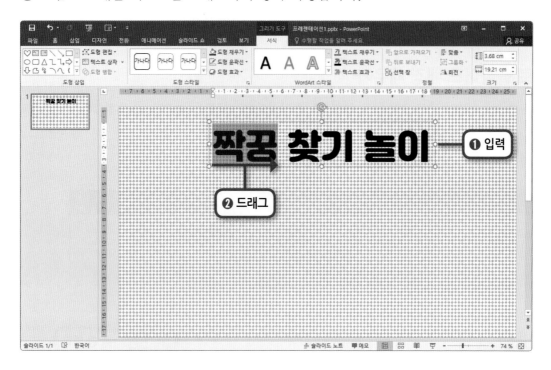

❸ [그리기 도구]-[서식] 탭-[WordArt 스타일] 그룹-[텍스트 채우기]-[그림]을 클릭하여 [그림 삽입] 대화상자가 나타나면 [파일에서]를 클릭하여 다운로드 받은 그림 혹은 예제 파일을 삽입합니다.

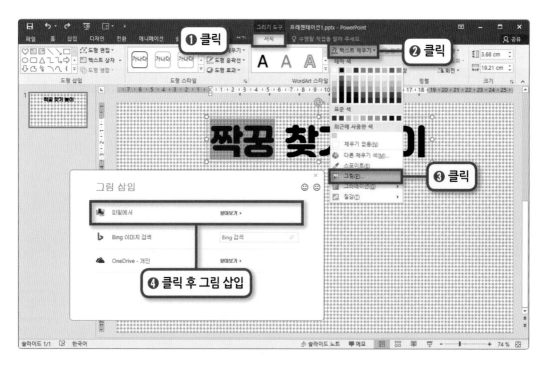

03 **트리거 기능 이용하여 뒤집기 카드 만들기**

❶ 내용 카드를 만들기 위해 도형을 삽입하고 도형 안에 내용을 입력한 후 [애니메이션] 탭–[애니
메이션] 그룹–[끝내기]에서 끝내기 애니메이션 효과를 선택합니다.

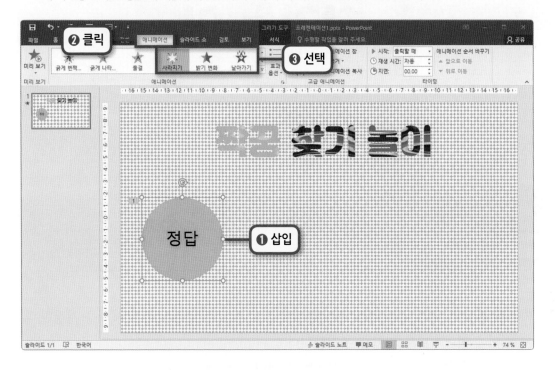

❷ 이어서 [고급 애니메이션] 그룹–[트리거]–[클릭할 때]–[타원 2]를 클릭합니다.

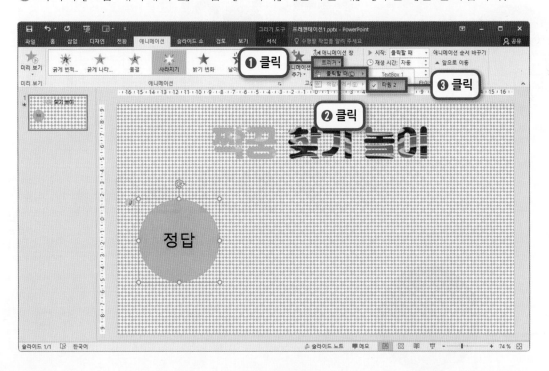

 Tip 도형의 이름은 삽입한 도형에 따라 다르며, 도형을 추가한 순서대로 생성됩니다.

❸ 트리거 효과가 적용된 도형을 복사하기 위해 [Shift] + [Ctrl] 키를 누른 상태로 도형을 드래그하여 복사한 후 도형 안의 내용을 변경합니다.

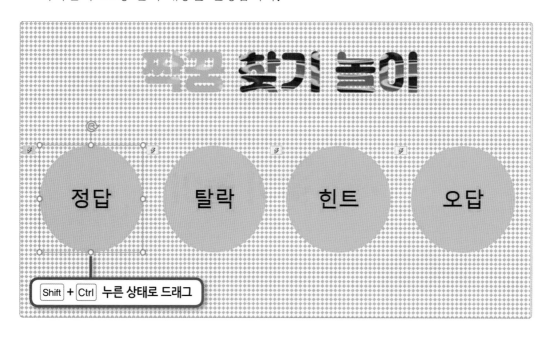

❹ 덮개 카드를 만들기 위해 내용 카드 도형과 같은 크기의 도형을 삽입하고 서식을 지정한 후 내용 카드 도형 위에 겹쳐지도록 위치를 조절합니다.

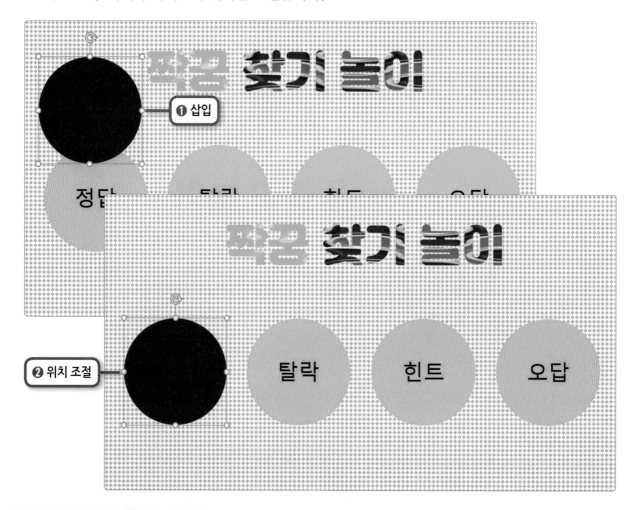

❺ 이어서 ❶~❷와 같은 방법으로 [애니메이션] 탭–[애니메이션] 그룹–[끝내기]에서 원하는 끝내기 애니메이션 효과를 적용하고 [고급 애니메이션] 그룹–[트리거]–[클릭할 때]를 클릭하여 해당 도형의 이름을 클릭합니다.

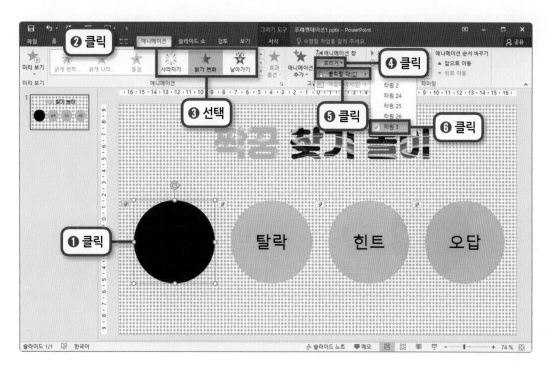

 Tip 도형의 이름이 헷갈릴 때는 [고급 애니메이션] 그룹–[애니메이션 창]을 클릭하고 애니메이션 효과를 적용할 도형을 클릭하여 이름을 확인합니다.

❻ 덮개 카드를 다시 나타나게 할 버튼을 만들기 위해 도형을 하나 더 삽입한 후 서식을 지정하고 그림과 같이 위치시킵니다.

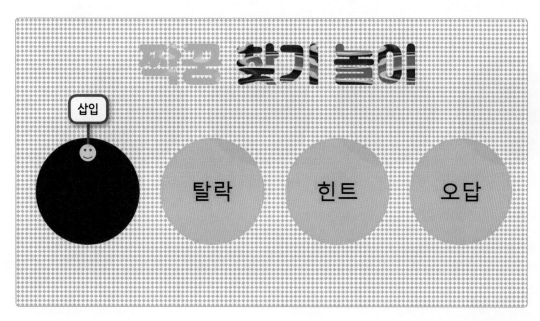

❼ 다시 덮개 카드 도형을 선택합니다. 이어서 [애니메이션] 탭–[고급 애니메이션] 그룹–[애니메이션 추가(★)]–[나타내기]에서 원하는 나타내기 애니메이션 효과를 선택한 후 [트리거]–[클릭할 때]를 클릭하여 조금 전 삽입한 버튼 도형을 선택합니다.

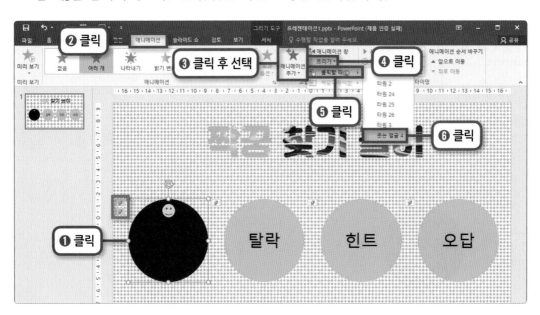

 **Tip** 애니메이션 효과와 트리거 효과가 두 번 적용되어 도형 옆의 번개 모양이 2개가 된 것을 확인합니다.

❽ 덮개 카드 도형과 버튼 도형을 선택하고 Shift + Ctrl 키를 누른 상태로 드래그하여 복사한 후 그림과 같이 내용 카드 도형을 덮습니다.

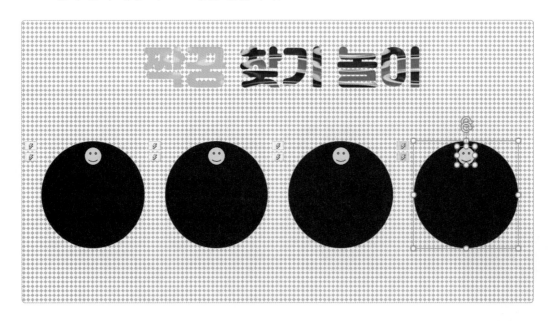

❾ F5 키를 눌러 슬라이드 쇼를 시작하여 덮개 카드 도형과 내용 카드 도형을 각각 클릭하면 도형이 사라지고, 버튼 도형을 클릭하면 덮개 카드 도형이 나타나는지 확인해 봅니다.

 03 **수행 과제 해결하기**

▶▶ 학습한 내용을 바탕으로 완성 파일을 참고하여 나만의 스타일로 과일 카드 뒤집기 게임을
완성해 봅니다.

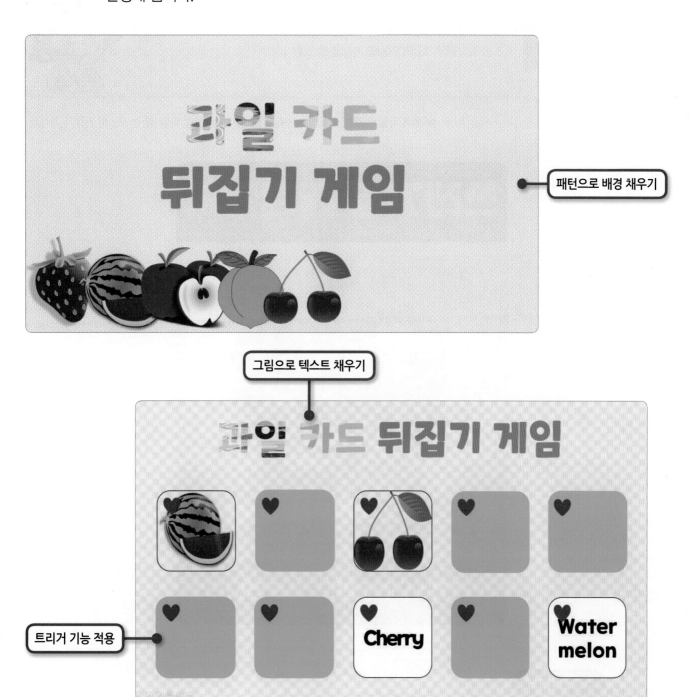

패턴으로 배경 채우기

그림으로 텍스트 채우기

트리거 기능 적용

23
Chapter

환경 포스터 만들기

학습내용 알아보기

- 점 편집 기능을 이용하여 도형의 모양을 변경할 수 있습니다.
- 도형에 삽입된 그림의 색상을 변경할 수 있습니다.
- 도형에 삽입된 그림의 위치를 변경할 수 있습니다.

◆ **예제 파일** | 23강 [수행 과제 예제 파일] 폴더 ◆ **완성 파일** | 환경 포스터 만들기_완성.pptx

수행 평가 기준

- 선정한 주제로 인해 나타나는 문제 상황을 말할 수 있는가?
- 문제의 경각심을 알리기 위한 메인 제목, 내용, 서브 제목을 선정할 수 있는가?
- 사진, 그림, 색채, 글자 등을 이용하여 포스터를 시각적으로 표현할 수 있는가?

과제 수행 준비하기

▶▶ 과제를 수행하기 위해 필요한 자료들을 정리해 봅니다.

● 포스터란 강한 인상으로 원하는 내용을 전달하도록 하는 매체로, 포스터를 만들기 위해서는 사진이나 그림, 색채, 글자의 모양 등을 활용하여 시각적으로 표현할 수 있어야 하며 짧고 인상적인 문구로 강렬한 인상을 남기도록 해야 합니다.

구분	내용
포스터 주제	
주제와 관련하여 발생하는 문제 상황	
메인 제목	
본문	
서브 제목	
포스터 스케치	

● **예시**

구분	내용
포스터 주제	쓰레기 문제
주제와 관련하여 발생하는 문제 상황	• 쓰레기 배출량이 많아지고 있다. • 쓰레기가 많아지면 쓰레기를 처리할 공간이 부족해진다. • 대한민국 곳곳이 쓰레기로 가득 차고 있다. • 이러한 현상이 계속 된다면 쓰레기가 전국을 뒤덮을 것이다.
메인 제목	쓰레기통 대한민국
본문	대한민국 일일 쓰레기 배출량 56,000톤, 태극기가 쓰레기로 뒤덮이고 있습니다.
서브 제목	쓰레기 나라에 살고 싶으십니까?
포스터 스케치	 쓰레기통 대한민국 대한민국 일일 쓰레기 배출량 56,000톤, 태극기가 쓰레기로 뒤덮이고 있습니다. 쓰레기 나라에 살고 싶으십니까?

Tip 포스터의 주제를 선정하지 못했다면, 예시의 내용을 활용하여 과제를 수행해 보세요.

프로그램 기능 익히기

▶▶ 과제를 수행하기 위해 필요한 프로그램의 기능을 알아봅니다.

01 점 편집 기능 이용하여 도형 모양 변경하기

❶ [PowerPoint 2016] 프로그램을 실행한 후 도형을 삽입합니다.

❷ 도형을 선택한 후 [그리기 도구]–[서식] 탭–[도형 삽입] 그룹–[도형 편집]–[점 편집]을 클릭합니다.

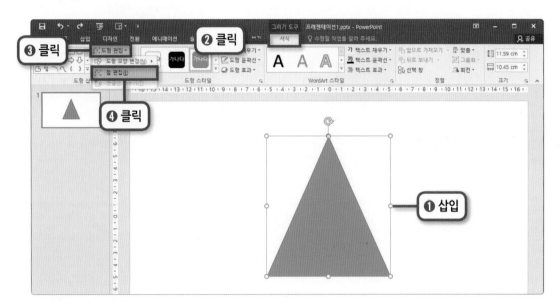

❸ 도형에 검은색 점이 나타나면 검은색 점을 클릭한 후 하얀색 편집점을 드래그하여 도형의 모양을 변경해 봅니다.

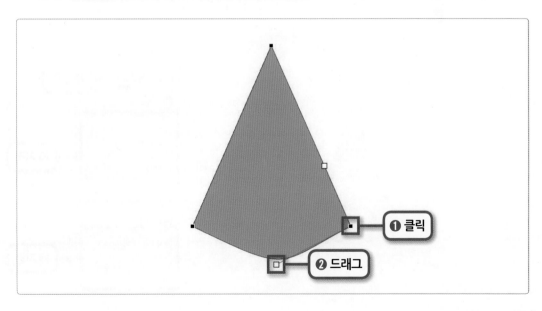

02 도형에 삽입된 그림의 색상과 위치 변경하기

❶ 도형을 선택한 후 마우스 오른쪽 버튼을 클릭하고 [도형 서식]을 클릭합니다.

❷ 화면 오른쪽에 [도형 서식] 창이 나타나면 [채우기]-[그림 또는 질감 채우기]-[파일]을 클릭하여 도형에 그림을 삽입합니다.

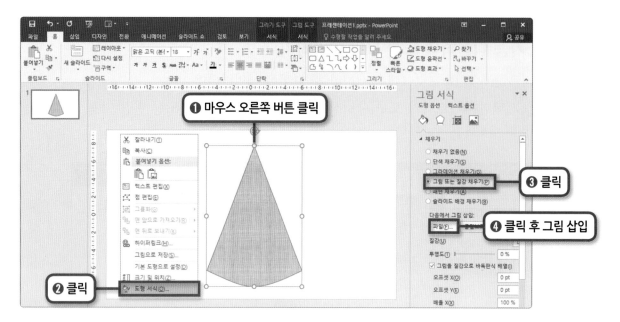

 도형에 그림을 삽입할 때 [도형과 함께 회전]에 체크를 해제한 후 삽입합니다.

❸ [도형 서식] 창이 [그림 서식] 창으로 변경되면 [그림]-[그림 색]을 클릭하여 도형에 삽입된 그림의 색상을 변경하고 [자르기]를 클릭하여 그림의 크기와 위치를 조절해 봅니다.

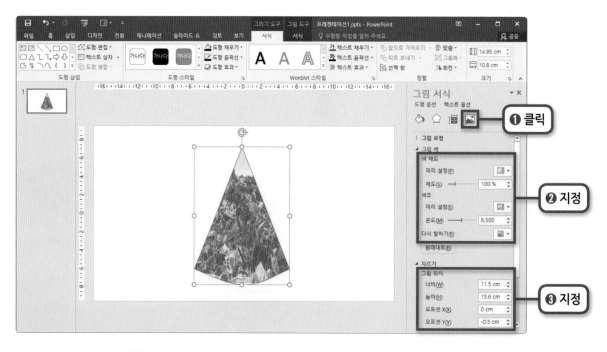

03 수행 과제 해결하기

▶▶ 학습한 내용을 바탕으로 완성 파일을 참고하여 나만의 스타일로 환경 포스터를 완성해 봅니다.

24
Chapter

역사 인물 헌정 영상 만들기

학습내용 알아보기

- 미리캔버스로 영상의 배경을 제작할 수 있습니다.
- 제작한 배경을 미디어 소스로 추가할 수 있습니다.
- 영상에 오버레이 클립을 적용할 수 있습니다.
- 영상에 나래이션을 삽입할 수 있습니다.

◆ **예제 파일** | 24강 [수행 과제 예제 파일] 폴더 ◆ **완성 파일** | 역사 인물 헌정 영상 만들기_완성.mp4

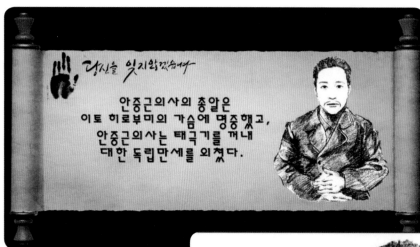

수행 평가 기준

- 우리나라의 역사적 인물 중 한 명을 선정하여 말할 수 있는가?
- 역사적 인물의 업적에 대해 말할 수 있는가?
- 인물에 대해 감사한 마음을 담아 영상을 제작할 수 있는가?

과제 수행 준비하기

▶▶ 과제를 수행하기 위해 필요한 자료들을 정리해 봅니다.

● 헌정 영상이란 존경하는 인물이나 위대한 업적을 남긴 인물에게 바치는 영상으로, 동영상의 길이가 최대 2분이 넘지 않도록 완성하고 과제의 주제에 맞게 정보를 수집하고 편집해야 합니다. 역사적 인물과 관련된 정보를 검색하여 기획서를 작성해 봅니다.

구분	내용
선정한 인물	
인물의 업적 시나리오로 구성하기	

● **예시**

구분	내용
선정한 인물	안중근 의사
인물의 업적 시나리오로 구성하기	• **배경①** 1909년 10월 26일 만주 하얼빈 역에서 총성이 울렸다. • **배경②** 안중근 의사가 일본의 이토 히로부미를 향해 총을 쏜 소리였다. "대한독립 만세!" "대한독립 만세!" "대한독립 만세!" • **배경③** 안중근 의사의 총알은 이토 히로부미의 가슴에 명중했고, 안중근 의사는 태극기를 꺼내 대한독립 만세를 외쳤다. 안중근 그는 누구인가? 안중근 의사는 을사조약이 강제적으로 체결되었다는 소식을 듣고, 교육을 통한 깨달음이 필요하다 생각하여 삼흥학교를 설립하고, 교육운동을 시작했다. 하지만 그것만으론 일본을 이길 수 없다는 것을 알기에 의병을 모아 일본인을 공격했지만 일본인의 수가 너무 많아 고민에 빠진 안중근은 우연히 이토 히로부미가 하얼빈에 온다는 사실을 알고, 암살 준비를 시작한다. • **배경④** 그리고 1909년 10월 26일 하얼빈 역에 기자로 잠입하여 이토 히로부미를 암살하였다. 이후 안중근 의사는 그 자리에서 체포되어 뤼순 감옥에서 조사를 받았다. 안중근 의사는 재판을 받는 동안에도 뜻을 굽히지 않았고, 온갖 고초에도 나라의 미래를 걱정했다. 그의 어머니는 옳은 일을 하고 받는 형이니 비겁하게 삶을 구하지 말고, 대의에 죽는 것이 어미에 대한 효도라고 했다. 1910년 3월 26일 오전 10시! 안중근 의사는 살인죄로 사형선고를 받고, 교수형으로 순국하였다. 안중근 의사는 자신이 사형당하면 조국에 운구하여 매장할 것을 당부했지만, 그 뒤 시신은 뤼순 감옥의 죄수 공동묘지에 묻혀 아직까지 그의 유해가 묻힌 곳을 찾지 못하고 있다. • **배경⑤** 조국에 대한 당신의 열정과 희생을 평생 동안 기억하겠습니다. 안중근 의사 당신을 잊지 않겠습니다.

Tip 헌정 영상을 제작할 인물에 대해 조사하지 못했다면, 예시의 내용을 활용하여 과제를 수행해 보세요.

▶▶ 과제를 수행하기 위해 필요한 프로그램의 기능을 알아봅니다.

01 영상 배경 제작하기

❶ 크롬(◉) 브라우저를 실행한 후 '미리캔버스(https://www.miricanvas.com/)' 사이트에 접속 합니다. 이어서 페이지의 사이즈를 '1280px×720px'로 지정한 후 지금까지 배운 내용을 참고 하여 배경으로 사용할 페이지를 꾸며 봅니다.

❷ 같은 방법으로 배경으로 사용할 슬라이드를 여러 장 만든 후 오른쪽 상단의 [다운로드]를 클릭 하고 파일 형식을 이미지 파일로 선택한 후 [빠른 다운로드]를 클릭합니다.

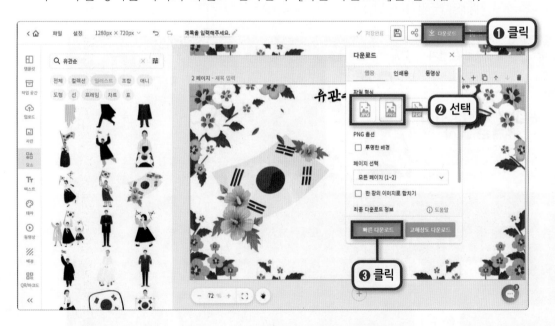

 **Tip**

여러 장의 이미지로 다운로드 된 파일은 압축 파일로 저장됩니다. 곰믹스 프로 프로그램에서 사용 하기 전 압축을 해제하도록 합니다.

❶ [곰믹스 프로] 프로그램을 실행하고 배경으로 제작한 이미지 혹은 예제 파일을 곰믹스 프로로
불러온 후 [미디어 소스] 트랙으로 드래그합니다.

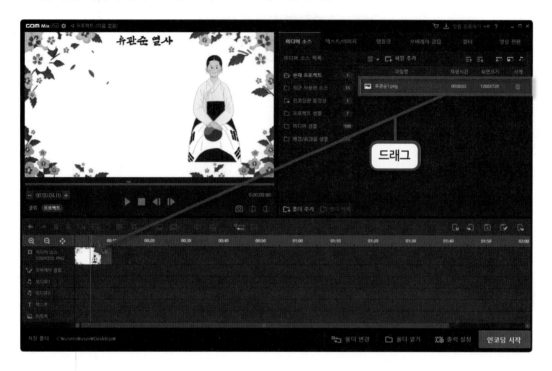

❷ 배경으로 제작한 이미지를 모두 곰믹스 프로로 불러와 [미디어 소스] 트랙으로 드래그한 후
텍스트를 추가하여 꾸며 봅니다.

영상에 오버레이 클립 적용하기

❶ [오버레이 클립] 탭을 클릭하여 오버레이 클립 목록이 나타나면 원하는 오버레이 클립을 선택한 후 [적용]을 클릭합니다.

❷ [오버레이 클립] 트랙에 오버레이 클립이 추가되면 오버레이 클립을 드래그하여 적용될 시간을 조절한 후 [미리보기] 창의 [재생] 버튼을 클릭하여 적용된 효과를 확인해 봅니다.

04 영상에 나래이션 삽입하기

❶ 크롬(●) 브라우저를 실행한 후 텍스트를 음성으로 변환해주는 사이트(https://soundoftext.com/)에 접속합니다.

❷ 스크롤을 드래그하여 텍스트 입력란이 나타나면 Text 칸에 음성으로 변환시킬 내용을 입력하고 Voice를 'Korean'으로 선택한 후 [Submit]를 클릭합니다.

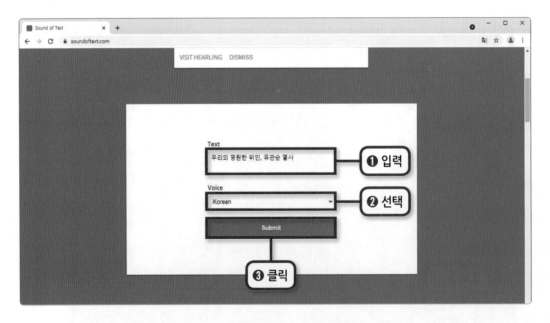

 Tip 더 다양하고 자연스러운 음성 파일을 만들려면 '타입캐스트(https://typecast.ai/en/)' 사이트를 이용합니다.

❸ 텍스트 입력란 하단에 음성으로 변환된 텍스트가 나타나면 [Play]를 클릭하여 음성을 확인한 후 [DOWNLOAD]를 클릭하여 음성을 다운로드 받습니다.

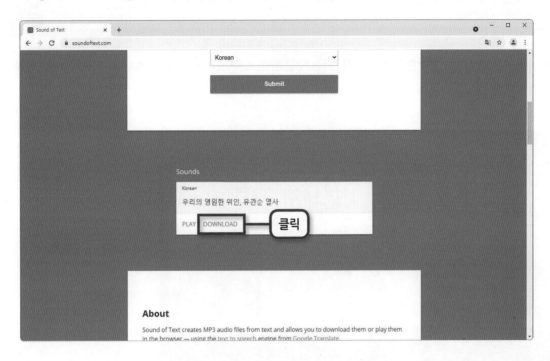

❹ [곰믹스 프로] 프로그램으로 돌아와 다운로드 받은 음성 파일을 불러 옵니다. 이어서 [오디오2] 트랙으로 드래그하여 음성을 추가합니다.

Tip

　　　[오디오1] 트랙에는 영상의 배경음악을 추가합니다. 배경음악이 없다면 다운로드 받은 음성 파일을 [오디오1] 트랙으로 추가하여도 됩니다.

03 수행 과제 해결하기

▶▶ 학습한 내용을 바탕으로 완성 파일을 참고하여 나만의 스타일로 역사 인물 헌정 영상을
완성해 봅니다.

오버레이 클립 적용

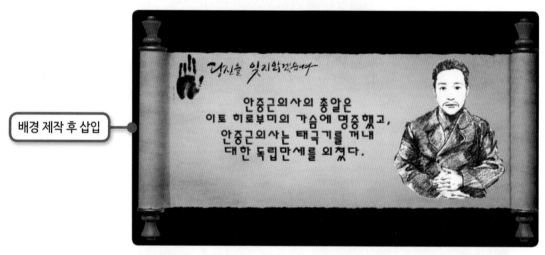

배경 제작 후 삽입

나래이션 삽입